加固希支男・田中英海
【編著】

算数授業
指導技術

すぐに使える
アイデア100

明治図書

はじめに

今から17年前の春，私はある小学校の教室で，新学年への期待にあふれる子どもたちを前に立っていました。そして，とても緊張しながら授業を始めました。

生まれてはじめて担任したクラスで行った授業は国語でした。自分で授業をした経験は教育実習しかなく，前日は寝る間を惜しんで準備をしました。しかし，何を準備してよいかもわからず，とにかく授業を流すことばかりを考えていました。

実際に始まると，教科書を音読させ，私が話し，少しだけ子どもに意見を求めるという，超講義型の授業になりました。それしか授業の仕方が思い浮かばなかったのです。

その中で唯一の工夫は，グループで話し合う時間を取ったことです。しかし，子どもたちがまったく話し合わなかったことを記憶しています。そのときはどうしてよいかわからず，ただ自分が決めたグループ学習の時間が過ぎるのを静かに待っていました。

グループでの話し合いの後，「話し合ったことを発表してください」と指示しましたが，まったく発言が出ませんでした。今でもはっきりと覚えていますが，そんな私を見かねた子どもが，私が求めていそうな答えを発表してくれました。私は，その発言を黒板に書き，あとは一方的に話し続けました。
その日の放課後，「先生続けるのは無理そうだな」と思いながら，なんとか次の日の授業を準備しました。

みなさんも，少なからず私と似た経験をしたことがあるのではないでしょうか。現在進行形でこういう思いをされている方もいるかもしれません。
でも，みんなが通る道ですから安心してください。
大切なことは，そのまま放っておかないことです。授業がうまくなる特効薬はありません。何年やっても失敗の方が多いのが授業です。大事なことは，失敗したと思ったら，自分なりに考えて，次の授業に向けて改善する努力をすることです。その気持ちは，少しずつ，子どもや保護者，まわりの先生方にも伝わっていくはずです。

先ほど述べたように，授業がうまくなる特効薬はありません。日々の努力の積み重ねや，失敗から学び続ける根気や真摯さが必要です。でも，毎日失敗続きでは，こちらの気持ちがもちません。
そんなとき，この『算数授業　指導技術大全　すぐに使えるアイデア100』が少しでも気持ちを和らげる材料になってくれたらうれしいです。

本書は，算数の授業ですぐに使える指導技術をとにかくたくさん集めました。算数の授業に悩んでいる方には，きっと役立つのではないかと思います。もしかすると，算数以外の授業に活用できるものもあるかもしれません。経験豊富な方にも，「こんな方法があったのか！」と新しい気づきをしていただけるものもあるのではないかと自負しています。

ぜひ，この本の中から，目の前の子どもに応じた指導技術を選んで使ってみてください。きっと，不安だった気持ちが少し晴れるはずです！

中には，目の前の子どもにフィットしない指導技術もあると思います。でも，そこがスタートです。フィットしないところを自分なりにアレンジしてみてください。アレンジした方法が，あなた独自の指導技術となり，自信につながると思います。

本書に掲載されている指導技術が自分のものになったら，今度は「なぜ，この指導技術を使うと，授業がうまくいくのか？」と考えてみてください。そこには，算数の教材研究に裏づけられた根拠が見つかるはずです。

本書を，算数を楽しむきっかけにしていただけたら幸いです。ぜひ，掲載された指導技術をたくさん使って，算数を楽しんでください！

2024年１月

加固希支男

もくじ

第1章
授業ですぐに使える指導技術をたくさん身につけよう

第2章
算数授業
すぐに使える指導技術100

1 問題提示

2 自力解決

3 話し合い

4 振り返り・まとめ

5 発問

6 板書・ノート指導

7 テスト

8 教材・教具

9　1人1台端末

10　個別学習

11 評価方法

12 授業準備

13 習熟

第 1 章

授業ですぐに使える指導技術をたくさん身につけよう

指導技術というのは，「こうすれば子どもが動く」という，形式的で即効性があるものと考えがちです。確かに，「まずはやってみる」ということも大切です。やってみて，うまくいった理由，うまくいかなかった理由を，自分なりに考えてみてください。大切なことは，指導技術の意味や価値を，自分なりに考えることなのです。

本書には13ジャンルに分けて100の指導技術が掲載されています。それぞれのジャンルの指導技術の意味や価値を，私なりにまとめてみました。これを参考に，ぜひご自身でも各指導技術の意味や価値を考えてみてください。

1　問題提示

算数の授業では，子どもが問題に興味をもてば，意欲的に学習に取り組む子どもは増えるでしょう。例えば，「教師が着目させたいことを得点化する（004）」のように，問題をゲーム化するだけで，子どもの興味は一気に高まります。そして，少しずつ考えるべきことに焦点化させていくのです。

2　自力解決

自分の考えをもつことができると，他の人の考えと自分の考えを比較することができます。そのためには，「『計算の仕方を考えよう』をやめる（014）」のように，考えることを明確にして，なるべく多くの子どもが自分の考えをもてるようにするのです。

3　話し合い

他の人の考えを取り入れていくことで，１人では考えることができなかったことも知ることができます。だからこそ，「みんなで話し合うことは大切だ」と子どもが感じられるようにしたいものです。そのためには，「誤答やつまずきを取り上げる（018）」ことで，「正解ではなく，考えることが大事なんだ」「間違えるからこそ，新しい発見ができるんだ」ということを実感させていきましょう。

4　振り返り・まとめ

「一人ひとりとの対話で振り返る（027）」等の振り返りをすることで，学習したことの価値や大切な考え方を子どもが自覚することができます。学習したことの価値や大切な考え方を自覚することで，「授業の最後に発展させて，次の時間につなぐ（029）」こともできるようになり，学習のつながりを意識しやすくなります。

5　発問

子どもの思考を働かせ，考える方向性を定めるためにも，発問は重要です。教師の発問によって，子どもの思考は大きく変わります。「発想の源を問う（036）」ことで，子どもが働かせた数学的な見方を言語化したり，「友だちの発言の意味を問う（039）」ことで，子ども同士の考えをつなげたりするのです。

6　板書・ノート指導

黒板は，みんなの思考を残す大切なツールです。解き方だけでなく，「数学的な見方・考え方を黒板に残す（044）」ことにより，算数の「学び方」を身につけさせていきましょう。

また，黒板を写して終わりにせず，「友だちの考えを写すのではなく，生かして考えるノートにする（053）」ことを指導し，自分の学びの履歴を残せるようにしましょう。

7　テスト

教師が多用な評価方法を知っていることで，子どもの長所やつまずきを見つけやすくなります。また，「レポートのルーブリックを子どもとつくる（055）」等，事前に「何をすべきか」を子どもに自覚させてから，課題に取り組ませることで，評価段階で，「できたこと」「改善すべきこと」を子どもも理解しやすくなります。

8　教材・教具

教材・教具を工夫するだけで，子どもの学習に対する興味は，ぐっと増します。例えば，「学校生活を教材化する①（061）②（062）」のように，身の回りの問題を算数の学習に取り入れてみてはいかがでしょうか。身近な問題を扱うだけで，子どもは自分事として問題に取り組むようになるでしょう。

9 1人1台端末

端末は，とにかく使うことです。「あのアプリを使わなくちゃ」「こんな使い方もしなくてはいけない」と気負わなくても大丈夫です。「ノートの見本を共有する（071）」「振り返りを共有し，学び合う時間にする（072）」だけで，子どもの学びは深まります。簡単で効果的な使い方のコツは「共有するために使う」ということです。

10 個別学習

「個別最適な学び」を目指すならば，個別学習が有効な学び方であることは間違いありませんが，やるならば，算数として意味のある個別学習にしたいものです。「問題解決のための着眼点を言語化させる（076）」や「問題を発展させる視点を示す（078）」といった指導を行うことで，算数として価値ある個別学習を目指していきましょう。

11 評価方法

「指導と評価の一体化」という言葉があるように，評価は教師の指導を改善するためのものにもすべきです。だからこそ，毎日続けられる方法をもっておく必要があります。「すきま時間を使ってスプレッドシートに所見メモを書く（084）」というのも，無理なく，時間の許す範囲で，書ける子どもの分だけ書いていけばよいのです。続けていけば，文量が少ない子どももわかってきます。次の日からその子のことを見取るように心がければよいのです。

12 授業準備

これは私の実感ですが，どんなに経験を積んでも，授業準備をしなければ子どもの反応は悪く，学びは浅くなるものです。授業準備で一番大事なことは「既習の内容や方法を整理する（092）」といった教材研究です。しかし，これは一朝一夕でできるものではありません。今は明日の授業の準備で手一杯かもしれません。でも，少しずつ，年月をかけて，系統性を意識した教材研究を積み重ねていきましょう！

13 習熟

習熟というのは，どうしても「やらされ感」を子どもがもってしまうものです。「20問計算しましょう」と言われても「なんで？」と心の中で思うのは自然でしょう。だからこそ，「楽しんでやっているうちに，習熟していた」という状態にしたいものです。「虫食い算で，楽しく技能を高める（096）」のように教材を工夫したり，「筆算リレーで，みんなで習熟を図る（097）」のように活動を工夫したりして，楽しんで習熟しましょう！

（加固希支男）

第2章
算数授業
すぐに使える指導技術100

001

問題提示

図形を隠して想像させる

5年「四角形と三角形の面積」

隠すことに加え，隠れている部分を子どもに想像させることで，子ども自ら問題を設定します。子どもは問題を設定する際に，既習の見方・考え方を働かせるため，単元で扱う見方・考え方を引き出すことにつなげることができます。

図形の一部を隠すと，子どもは隠れている部分を「何が隠れているのかな？」と興味をもって想像します。そこで「隠れている部分がどんな形だったら面積を求められそう？」のように投げかけ，簡単な場合を考えるよう促します。このように，隠れた部分を子どもに想像させることで，子どもはこれまでの知識や経験を基に問題を設定します。この過程で，子どもは既習の見方・考え方を働かせます。既習の見方・考え方を引き出すことが，単元で扱う見方・考え方を引き出すことにつながるのです。

5年「四角形と三角形の面積」の導入授業です。

面積を求めましょう。

下の図を子どもたちに提示し，「どんな形だったら求められそう？」と問いました。

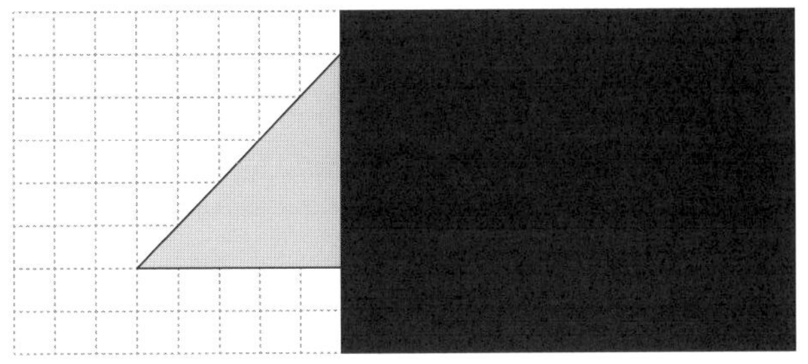

子どもからは次の形が出されました。

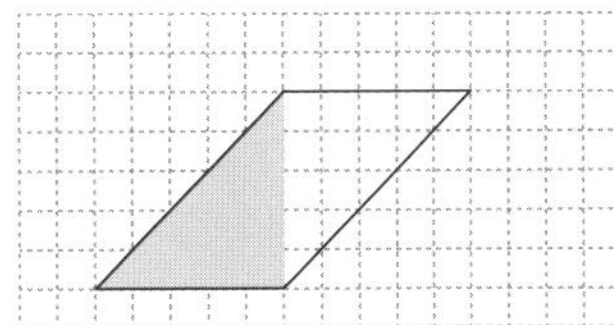

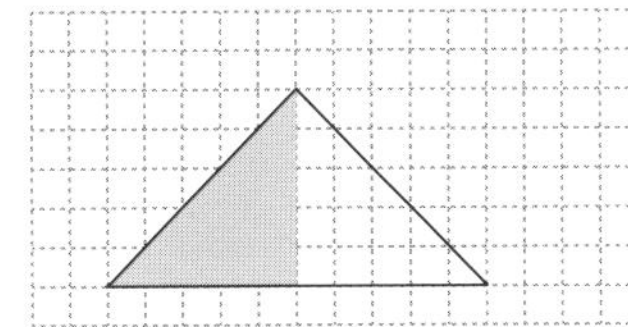

T　どうしてその形だと求められそうだと思ったの？

C　切って移動したら正方形になるから（等積変形）。

C　つけ足すと長方形になって，その半分だから（倍積変形）。

C　正方形や長方形（既習の形）に変形すればいいね。

このように，図形の一部を隠して隠れた部分を子どもに想像させたことで，「求積可能な形に変形する」といった既習の見方・考え方を自ら働かせ，本単元で扱う等積変形や倍積変形といった考え方につなげていきました。

002

問題提示

図形を隠して焦点化する

6年「拡大図と縮図」

図形の一部を隠すことで，見えている部分に焦点化させるという提示の仕方です。図形の学習では，どの構成要素に着目するのかが非常に重要になります。図形の一部のみを見せることで，子どもが特定の構成要素に自然と着目できるようにします。

子どもたちが，辺の長さや角の大きさ，頂点の数など，図形の構成要素に着目できるようにするためには，図形の見せ方が重要になります。

図形を隠すという手法には様々な効果があります。前項のように隠した部分を想像させる効果もあれば，本項のように見えている部分を強調しそこに焦点化させる効果もあります。図形の一部だけを見せることで，図形の全体を漠然と見るだけでは気づかなかった構成要素に子どもが自然と着目して考える展開をつくることができます。またその際，教師は子どもたちが図形のどの構成要素に着目して考えているのかを意識することも重要です。そうやって子どもたちが図形の見方を理解し，その観点を増やしていくことが，図形を理解することにつながっていきます。

6年「拡大図と縮図」の学習の導入の時間です。

①～③の封筒の中には１つずつ三角形が入っています。三角形Ａと形が同じ三角形はどれでしょう。

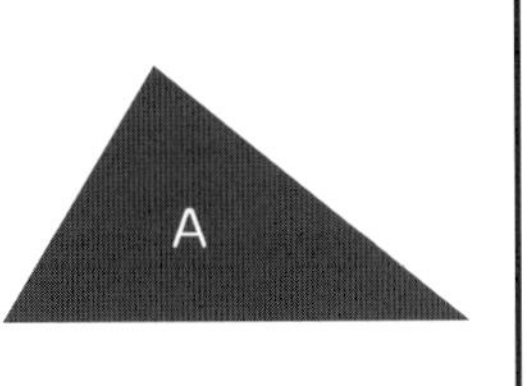

T　まずは封筒①から三角形を出していくね。
　（封筒から三角形の端を少しだけ引き出す）

封筒①

C　あっ，もう絶対違う！

T　なんで？　まだちょっとしか見てないのに。

C　だって，明らかに角度が違うじゃん。

T　なるほど。角度に注目して考えると，同じ形かどうかわかるんだね。

上のような見せ方の場合，あえて辺の「長さ」を見せないことで，判断材料が「角の大きさ」しか無くなります。図形が隠されているおかげで，子どもたちは，自然と「角の大きさ」を理由にしながら説明することができました。図形の何を隠せば，何が強調されるのか，それを考えながら問題提示を考えることは，非常に大切な授業づくりの視点です。

003

問題提示

前時の復習問題の中に未習の問題を混ぜる

4年「わり算の筆算(1)」

既習内容と未習内容を混ぜることで，自力解決の見通しをもたせるだけでなく，今日考えるべき課題を子ども自身が見つけやすくなります。

算数では，前時の振り返りから授業をスタートさせることがあります。その際に，既習内容の問題の中に未習内容の問題を混ぜて出題します。すると子どもたちは様々な反応を示します。「あれ？」と首を傾げ始める子，悩みながら解こうとする子，時には何も気づかずに解ききってしまう子もいることでしょう。

昨日学習したことを使えばどんな新しいことができそうかと子どもたちに発展的に考えさせる展開は，算数をつくり出していくという視点から非常に重要です。時折，既習と未習を混ぜて問題提示することで，子どもたちはより一層既習と未習の違いに着目します。

この方法は「数と計算」領域だけでなく，「図形」領域や「変化と関係」領域でも活用できます。面積の学習や速さの学習でも効果的です。

4年「わり算の筆算(1)」の授業で説明します。

「昨日学習したことを振り返りましょう」

そう伝えて黒板に練習問題を3問書きます。その際に，1問目，2問目は前時で学習した3桁÷1桁で商が百の位から立つような問題を書きます。ここまでは既習の復習問題です。しかし，3問目は未習となる3桁÷1桁で商が十の位から立つような問題を書きます。

① 2)526　② 3)741　③ 5)235

すると子どもたちから次のような反応が見られました。

C　先生，なんか変な感じがする。

C　3問目，変じゃない？

C　私もなんか3問目だけできない。

C　えっ!?　普通にできたよ。

T　今，問題を解いていて何か感じたことがある人，お話できますか？

C　商の百の位に数字を書けません。

C　今日は昨日と違って，わる数が大きい数だからだ。

C　0を入れて考えていけば，昨日と同じようにできるんじゃないかな。

004

問題提示

教師が着目させたいことを得点化する

2年「長方形と正方形」

教師が着目させたいことを得点化することで，子どもはその視点から対象を何度も見直します。そうすることで，子どもの見方が広がっていきます。

子どもは，得点を競うことの楽しさを日頃の生活経験から感じ取っています。得点が高ければ高いほど喜びを感じます。その経験や習性を利用し，着目点を得点化してゲームの要素をもたせます。子どもは友だちよりも1点でも多く取りたいと思って活動に取り組みます。その際，着目点が得点化されているので，当然子どもは教師が着目させたい視点から対象について何度も見直します。何度も見直す過程では子ども同士の対話が生まれます。なぜなら，得点について話し合う中で，必ずその得点となった理由が話題となり，子ども同士のやりとりが始まるからです。話題の中心は，やはり着目点，つまり教師が子どもに着目させたいことです。この対話を通して，限られた視点でしか見ることができなかった子どもも，新たな視点から対象について見直すようになります。つまり，見方が広がるのです。

2年「長方形と正方形」の授業で説明します。

図形カードで勝負しよう！

以下のルールを示し，図形カードで対戦します。図形の構成要素に着目して図形の弁別をすることをねらったため，図形の定義や観点を得点化しました。図形カードは，全部で10種類程度用意しました。

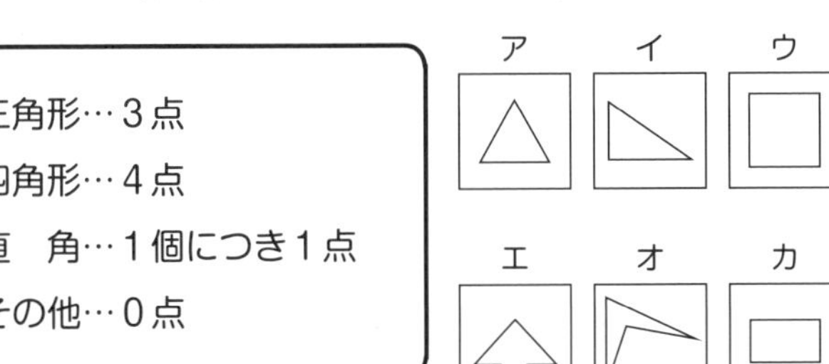

T　どちらの図形の勝ちですか？

C　３点（ア）と３点（イ）だから引き分けだね！

C　イ（直角三角形）は直角が１個あるから４点だよ。

C　本当だ。直角を見落としていたよ。次は，直角があるか注意して見よう。

教師が「直角があるか調べてみよう」と促すと子どもは受け身になってしまいますが，こうすると，図形の定義や観点を基に積極的に何度も図形を見直します。

005

問題提示

予想外を仕組む

3年「時こくと時間のもとめ方」

問題提示の際，子どもたちの予想外を仕組むことができれば，問題を追究しようと子どもたちは躍動します。

子どもたちは，数の並びから規則性を見いだしたり，二量に比例的な変化の関係を見いだしたりします。図形でも180°になるのではないかと予想したり，整った形にしたいと考えたりするなど，算数・数学の背景にある明瞭さや，一般性，美しさなどを感じ取る心を備えています。

こうした子どもの素直な見通しに対して，予想外の事象の提示やしかけができると，授業は盛り上がっていきます。盛り上がるだけでなく，学ばせたいAという概念に対してnonAを提示することで，Aの理解が深まるのです。

3年「時こくと時間のもとめ方」の授業で説明します。

電車が1周回るのに何秒かかるでしょう。
(電車模型の動画を見せる)

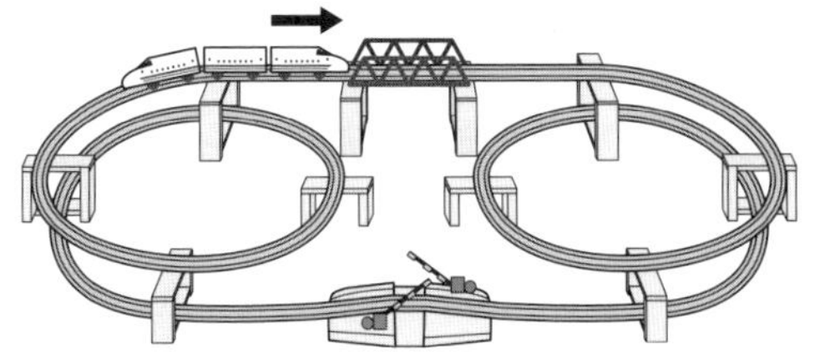

T　では，まずストップウォッチで，半分まで（中央の踏切をスタートしてループを上り，橋まで）にかかる時間を計ってみよう。
（ストップウォッチは10秒41を示す）

C　残り半分は見なくてもわかるよ！

C　だいたい20秒だ！　10＋10＝20だから。

C　10×２＝20でもいいね。

T　みんなすごいね。１周をたし算やかけ算で予想できるの？　では，残り半分を見てみよう。
（ストップウォッチは18秒56を示す）

C　あれっ，なんで!?

C　おかしい！

C　わかった！　最初の半分のループは上り坂で，残りの半分のループは下り坂だから，スピードが違うんだ！

C　同じスピードじゃないとかけ算で計算できないんだね。

かけ算は比例関係が前提です。子どもたちは，等速でないものはかけ算できないことに気がつきました。すべての教材や授業でできるわけではありませんが，時には，起承転結の「転」を教材に仕組みたいものです。

006

問題提示

基準とする量を曖昧にする

5年「分数と小数，整数の関係」

基準を曖昧にすると，子どもは基準を意識せざるを得なくなります。基準をはっきりと示さないことで，子どもは基準を自分で決めて考えます。

算数の問題の多くは，単位量や全体量などの基準とする量がすでに示されているため，解決できるようになっています。それゆえ，子どもは基準に対して無自覚で，基準の大切さに気づかない場合が少なくありませんが，基準を意識しないと形式的な処理で終わってしまいます。その結果，問題文の意味を捉えられず解決につなげられなかったり，立式できてもその意味がわからなかったりします。

そこで，基準をはっきり示さずに問題を提示します。つまり，基準を曖昧にするのです。そうすることで，子どもは問題解決のために必要な基準を意識することができます。基準を意識することが習慣化すれば，様々な場面において問題の意味を捉えたり，式の意味を理解したりすることにつながります。このようにして，形式ではなく意味を考える力を育みたいものです。

５年「分数と小数，整数の関係」の授業で説明します。

３人で分けると１人分は何Ｌでしょう。

下の図を子どもたちに見せ，上のように問いました。

C　なんか変…。

C　これじゃわからない！

C　満杯で何Ｌなの？

T　どうしてそれが気になるの？

C　もし満杯が３Ｌだったら，３÷３で１人分は１Ｌになるし，満杯が１Ｌだったら，$\frac{1}{3}$Ｌだからね。

C　基準がわからないと１人分の量はわからないよ。

基準（全体量）を曖昧にして提示したことで，子どもは基準を自分で決定し，１人分の量についてわり算の式を用いて考えました。商分数をただの形式としてではなく，意味を考えるためには，基準を意識させることが大切です。

007

問題提示

身の回りの事象を扱い，「よさ」を見つけさせる

4年「がい数の使い方と表し方」

身の回りにある事象を扱い，学習する内容や考え方の「よさ」に気づくことをねらって問題提示をします。現実のどんな場面で使われるものなのかを知ることで，学ぶ価値を理解できるようにします。

算数の授業では，問題に出合い，問題を解くことが中心になります。問題解決の中で学習内容に対する理解を深めていくわけですが，その際，その学習内容や考え方の「よさ」を知ることも非常に大切です。「よさ」を知るということは，「その知識がどんな場面で役立つのか」など，学ぶ価値を知るということです。たくさんの「よさ」に出合うことは，たくさんの学ぶ価値を知り，算数を学ぶおもしろさを知るということです。それはきっと，子どもたちの主体的に学ぶ態度を育てることにつながるでしょう。

４年「がい数の使い方と表し方」の授業で説明します。

校区で行われた祭りに関する，次のような新聞記事の抜粋を扱います。

「三次きんさい祭り　2800人参加」
今月29日，太鼓や笛に合わせて踊るパレードには，約50団体，約2800人が参加。他県からの参加者も加わり，祭りを盛り上げた。

T　祭りに来た人がぴったり2800人なんてすごいよね。
C　いや，この人数はぴったりじゃなくてだいたいだよ。ほら，記事の中には「約」ってついているよ。
T　本当だ。なんでだいたいの数（概数）にしたんだろう。
C　正確にわからなかったんじゃないかな。
C　あんなにたくさん人がいたら数えられないし，数えられても面倒くさいよ。
C　というか，正確な数にしない方がいいんじゃないかな。新聞を読む人もだいたいの人数がわかればＯＫだよ。
C　それに，だいたいだと新聞に文句が来ないし。（笑）
T　なるほど，数が正確にわからないときや，だいたいの数の方がわかりやすいときには，およその数（概数）を使うと便利なんだね。
C　（うなずく）

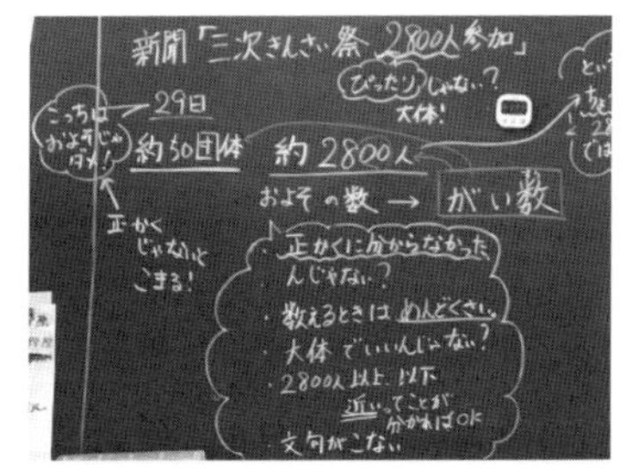

見つけた「よさ」を意識するためには，どんな「よさ」があったか一人ひとりが振り返ることも大切です。

008

問題提示

解くことができない状態にする

5年「偶数と奇数，倍数と約数」

問題提示の際，意味を理解するまでに時間がかかる子もいれば，すでに答えが見えている子もいるなど，大きな個人差が出ることがあります。その差を表面化させず，一人ひとりの課題に寄り添うために，あえて全員が解けない状態で問題を提示します。

5年「偶数と奇数，倍数と約数」の問題です。

縦6㎝，横8㎝の長方形の紙を同じ向きにすきまなく敷き詰めて，正方形をつくります。一番小さい正方形の1辺の長さは何㎝ですか。

問題に出合った際，学級には問題場面を理解することができずに困ってしまう子どももいれば，解決までの見通しがすぐにもてる子どももいます。

上の問題に対しても，「どういう意味？」と首を傾げる子がいる一方で，わかった子はすぐに問題を解き始めるでしょう。できた子が説明を始め，苦手な子はそれを聞くだけ…。そんな展開は避けたいところです。そこで，問題文を次のように変えてみます。

> 長方形を同じ向きにすきまなく敷き詰めて，１辺が□cmの正方形をつくります。

C　えっ，どういう意味？　問題の意味がわからない。

C　先生，□に入る数字は何？

C　長方形の大きさがわからないと解けないよ。

T　たくさん疑問が出たね。「問題の意味がわからない」っていう人がたくさんいたから，まずはそこから考えてみよう。「長方形を同じ向きにすきまなく敷き詰めて」ってどういう意味だろう。

（長方形を操作しながら問題の意味を考えていく）

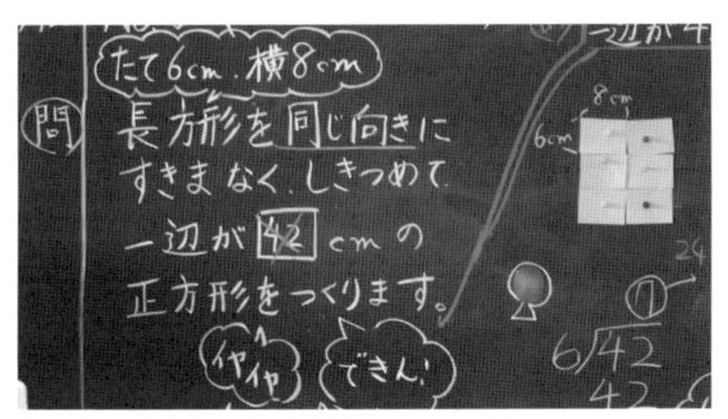

問題を条件不足にすることで，解くことができない状態にしました。全員が解けないわけですから，だれも先には進めません。遠慮なくわからないこと，困ったことを出し合い，全員で問題場面を理解したり，問題解決の見通しをもったりすることができます。

その後は必要な情報を伝え，問題解決に移ります。一人ひとりの課題意識に寄り添うためのひと工夫です。

009

問題提示

□を使って，子どもに問題を設定させる

5年「分数のたし算とひき算」

計算の仕方などを考える場面で，数を□として提示し，□に入る数を子どもに想像させます。その際，「□がどんな数だったら簡単に計算できそうですか」と子ども自ら問題を設定できるようにします。

数を□として提示するなど，問題を「隠す」手法はよく使われます。子どもがその数を自分で決めることで既習を引き出すことができるからです。子どもは□に数をあてはめる際，自分の数感覚や知識，経験を基に考えます。「どうしてその数にしたの？」のように，子どもが決めた数の意図を問うことで，子ども一人ひとりの見方・考え方が表出され，既習の見方・考え方であることがわかります。こうして既習の見方・考え方を引き出すことで，新たな問題解決につなげることができます。

5年「分数のたし算とひき算」の授業で説明します。

$\frac{1}{3}+\frac{1}{\square}$

子どもたちに上の問題を提示し，「□がどんな数だったら計算できそうかな？」と問います。子どもは以下のように既習を基にして計算方法を考えました。

T　□がどんな数だったら計算できそうかな？
C　3がいいな。だって，分母がそろうからね。
C　$\frac{1}{3}$が2個だから$\frac{2}{3}$で簡単だよ。
C　6もいいよね。だって，同じ大きさの分数を考えると$\frac{1}{3}$は$\frac{2}{6}$だから$\frac{2}{6}+\frac{1}{6}$で$\frac{3}{6}$だよね。
C　だったら，3の倍数のときは簡単に計算できるよ。
C　分母がそろうように同じ大きさの分数を考えると，簡単に計算できるんだね。

このように，□に入れる数を子どもに想像させたことで，子どもは自分の数感覚や知識，経験を基に，分数のたし算で大切な「そろえる」や「同じ大きさ」といった見方・考え方を働かせました。続けて，新たな学習となる異分母分数のたし算について考えましたが，子どもたちは同様の見方・考え方を働かせて計算方法を考えていました。

T　$\frac{1}{3}+\frac{1}{2}$は計算できないのかな？
C　同じようにやればできるんじゃない？
C　分母がそろうように同じ大きさの分数を考えてみよう。
C　分母が6だったらそろえられるよ。
C　同じ大きさの分数を考えると$\frac{1}{3}$は$\frac{2}{6}$で$\frac{1}{2}$は$\frac{3}{6}$だから$\frac{2}{6}+\frac{3}{6}$で$\frac{5}{6}$だね。

010

問題提示

子どもに気づかせたいことを教材に仕込む

1年「わかりやすくせいりしよう」

教材には教師の意図が表れます。子どもに気づかせたいことを教材に仕込み，あたかも子どもが発見したかのように演出します。

子どもに気づかせたいことを教材に仕込み，それを子どもが発見できるように提示します。その際，気づかせたいことに目が向くよう，気づかせたいことと反対の内容や表現も入れます。そうすることで，子どもは２つを対比的に見て，気づかせたい内容に着目できるようになります。

教師が意図的に仕込んだことを，あたかも子どもが発見したかのように演出することで，発見する喜びを子どもに感じさせることにもつながります。

１年「わかりやすくせいりしよう」の授業で説明します。

バラバラに配置されたデータ（絵カード）を整理することを学習します。その際，データを種類ごとに分けて並べる，グラフのように並べると，比べやすく数えやすくなることに気づかせることがポイントです。

絵グラフのように「並べる」という発想を子どもから引き出すことはなかなか難しいので，子どもが絵カードを縦に並べたくなるように，提示の仕方を工夫します。

T　どの動物が多いでしょう？

T　パッと，すぐに数がわかった動物はどれですか？
C　ぞうさんだよ。
C　縦に並んでいるからすぐに５匹ってわかったよ。
C　キリンさんも少ないから３匹ってすぐにわかった。
C　そうそう。ウサギさんやシマウマさんは数が多いのに，バラバラになっているから数えにくいんだよ。
T　なるほど。バラバラだと数えにくくて，縦に並んでいると数えやすいと思ったんだね。
C　他の動物たちも，ゾウみたいに縦に並べてみたら，もっとわかりやすくなるんじゃない？

011

問題提示

「間違い作図」を修正させる

4年「垂直，平行と四角形」

教師による「間違い作図」を子どもに見せ，どこがおかしいのかを説明，修正させることで，性質を基にして作図の方法を考えることができます。

作図は，図形の性質の活用問題です。例えば平行四辺形なら，「向かい合った２組の辺は平行」「向かい合った辺の長さが等しい」などの性質があり，それらを活用することで，作図の方法を考えることができます。

一方で，作図は技能面の難しさからその根拠となる性質に目が向きにくく，性質ではなく，作図の手順を覚えることだけに意識がいってしまう子どももいます。そこで，教師の「間違い作図」を見せることで，子どもが性質を意識しながら作図の方法を考えられるようにします。

４年「垂直，平行と四角形」の学習場面で，右の図に続いて平行四辺形を作図するという問題です。

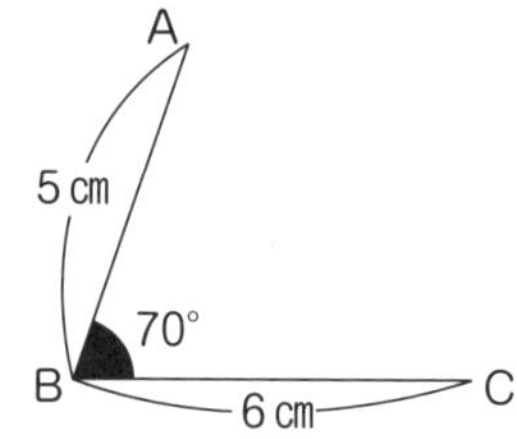

T　平行四辺形のお手本を先生がかいてきたよ。（右図）

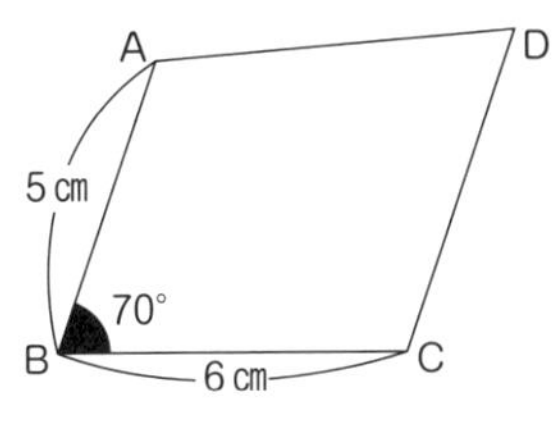

C　これ，変だよ！

T　そう？　どこかおかしい？（調べる時間を取る）

C　辺ＣＤの長さがおかしいと思います。

C　向かい合った角の角度が同じになるようにしないと！

C　辺ＢＣと辺ＡＤが平行になっていません。（右図のように，三角定規を使って黒板上で確かめ始める）

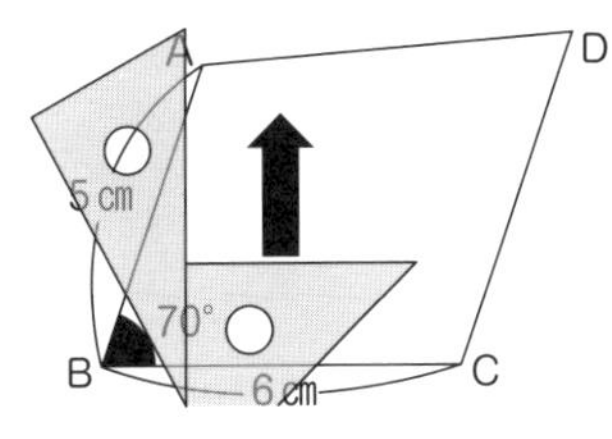

「間違い作図」を見せると，子どもたちは，それが平行四辺形になっていないことに気づき，その理由を話し始めます。平行四辺形ではないことを説明するためには，図形の辺の長さや角の大きさ，辺の平行の関係等に着目し，平行四辺形の性質を活用する必要があります。

また，「どう修正したら平行四辺形になるか」を話すことは，そのまま平行四辺形の作図方法を考えることにつながります。右図は，向かい合った辺の長さや角の大きさが等しくなるように修正した子どものワークシートです。性質を意識して作図の方法を考えることができました。

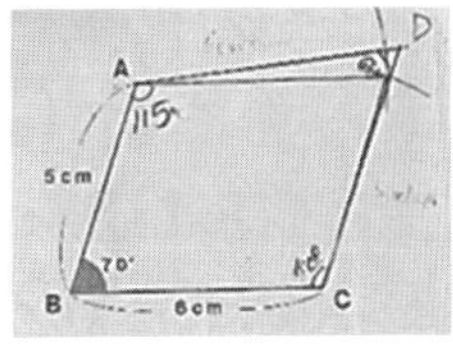

012

自力解決

机間指導中の言葉かけで多様な考えを引き出す

2年「かけ算(2)」

子どもが考えを広げていくきっかけとなる言葉を，机間指導中にあえて全体に聞こえるように発します。そうすることで，子ども一人ひとりが多様に考えていくことができます。

自力解決の時間に子ども一人ひとりの様子や状況を把握するために机間指導をします。その際，様々な考えができる問題にもかかわらず，1つだけの方法を考えて満足している子どもを見かけることがあります。時間を余してただ話し合いの時間を待っているのでは実にもったいないとは思いませんか。当然，いくつも方法を考えている子どももいるので，時間の使い方に差も生まれます。

そこで，机間指導中に次のような言葉を発することで，子どもが考え続けることができるようにします。

「えっ，こんな考え方もあるんだ！」

「この考えは思いつかなかったな！」

「方法は1つだけじゃないの!?」

ポイントは「全体に聞こえるように発する」ということです。満足していた子どもも多様に考え始めます。

２年「かけ算⑵」の授業で説明します。

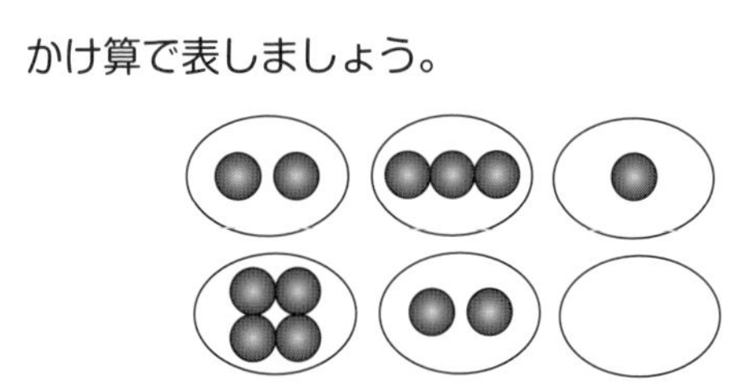

この問題では，１つ分のまとまりを自らつくり出し，多様な式表現をすることをねらいましたが，机間指導をすると，１つだけ式に表し，じっとしている子どもがいます。そこで，考えを広げるきっかけとなる言葉を発することで，いくつもの式表現を考えることができるようにしました。

T　えっ，こんなにたくさん式に表せるの!?
C　（えっ，そんなに何個も式があるの…？）
C　ぼくは，２つ見つけたよ！
C　私は，３つ見つけた！
C　全部で４つあるんじゃない？

この問題では，お皿の数を基にして１つ分のだんごのまとまりをつくり出すと，２×６，３×４，４×３，６×２の４通りの式に表せます。はじめは２×６の式に表して満足していた子どもも，机間指導中の教師の言葉をきっかけに，自力で残り３つの式に表すことができました。

013

自力解決

子どもの「○○だったらできる」を認める

6年「対称な図形」

自力解決の際，子どもが「○○だったらできるのにな」と素朴な思いを表出することがあります。子どもができると考えた場面を認めて取り組んでいると，既習の方法や考え方が引き出され，問題解決に役立てることができます。

自力解決の際，提示された問題を解決できずに困る子どもがいます。しかし，提示された問題のままでは解決が難しくても，問題場面を少し変えるだけで簡単に解ける場合がよくあります。その理由として，似た問題場面を扱うことによって，子どもから既習の方法や考え方が引き出され，問題解決につながるということが考えられます。

そこで，子どもの「○○だったらできる」という発言に対して，その問題場面で考えてもよいことを認めます。提示された問題と似た場面を扱うことで，子どもから既習の方法や考え方を引き出すことに専念するのです。そうすることで，提示された問題と既習の方法や考え方とのつながりが見えてきます。子どもが「○○だったらできる」と考えることのよさを感じられるようにしたいものです。

６年「対称な図形」の授業で説明します。

対称の中心はどこでしょうか。

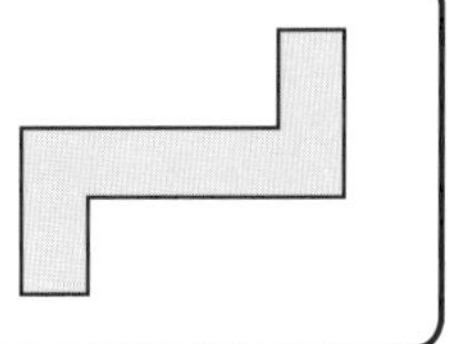

点対称な図形から対称の中心を見つけることは容易ではありません。上の図を提示した後，子どもから問題場面を変えたいという思いが表出されました。

C　このままの形だったら難しいな。

C　長方形だったらできるのに。

T　だったら，長方形で考えてみよう！

C　長方形だったら２本の対角線を引いて交わったところが対称の中心になるよ！

C　問題の形も頂点同士を対角線のように直線でつなげばいいのかも。

C　対称の中心が見えた。

C　難しくても長方形のように簡単な形に置き換えるといいね！

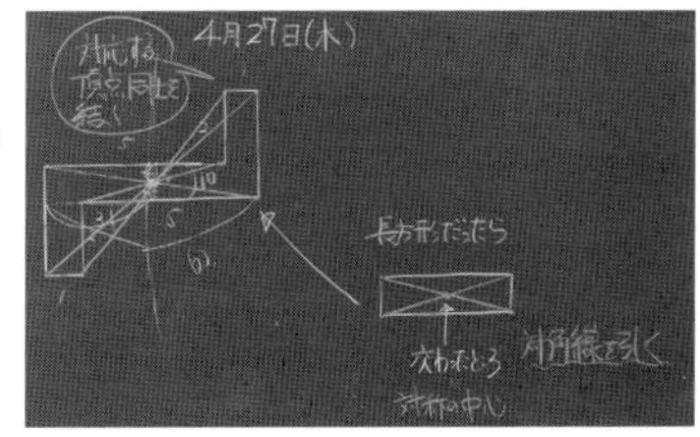

子どもの「○○だったらできる」を認め，問題場面を置き換えることで，板書のように既習の方法を基に問題解決を図る子どもの姿を引き出すことができました。

014

自力解決

「計算の仕方を考えよう」をやめる

3年「かけ算の筆算(1)」

「…の計算の仕方を考えよう」というめあてがあります。2桁，3桁と数が大きくなるとき，小数，分数と数の範囲が広がるとき，どちらでも大事にしたいのは既習の計算として考えようとする態度です。

「数と計算」領域で「…の計算の仕方を考えよう」というめあての授業がよく行われます。「計算の仕方を考える」とは，既習の知識や技能を根拠に計算の仕方をつくり出すことです。

計算の仕方を考えた後「どうしてそうしようと思ったの？」と発想を問い返し，「これまでに習った計算に変えようと思った」「習った計算なら簡単になるから」といった既習を生かす考え方を引き出す方法もあります。一方，後から既習と結びつけるより，「どうしたら習った計算に直して考えられるかな？」という課題意識で全員を自力解決に取り組ませる方法も有効です。

そこで，「計算の仕方を考えよう」というめあてを，「これまでに習った計算でできるかな？」と既習を強く意識して自力解決できるめあてに変えます。「習った計算にすると新しい計算も解決できる」という意識をもたせ続けることで，「小数のかけ算も整数のかけ算でできるかな？」と子どもがより簡単な既習の計算で考えようと，自分でめあてを設定できるようになります。

3年「かけ算の筆算(1)」の授業で説明します。

24× 3はこれまでに習った九九でできるかな？

T　今度は□に24を入れるよ。
C　数が大きくなった。
T　昨日の20× 4も，10のまとまりで考えて，2 × 4という九九でできたね。数が大きくなった24× 3も，これまでに習った九九で計算できるかな？
(自力解決)
C 1　24を20と 4 に分ければ，20× 3と 4 × 3 になって，九九で計算できるね。
C 2　24は 8 × 3 になるから，24× 3 ＝ 8 × 3 × 3 で 8 × 9 になるね。

「計算の仕方を考える」よりも，「既習の九九にして考える」と方向性をはっきり示す方が，大きくなったかけられる数に対して働きかけやすくなるでしょう。C 1のような分配法則，C 2のような結合法則につながる数値設定も有効です。

015

自力解決

1人で乗り越えてほしいことを焦点化する

3年「かけ算の筆算(2)」

自力解決では，何を解決しようとしているのか，その対象を子どもたちに意識させることが大切です。そのためには，1人で乗り越えてほしいのは何なのかを見極め，焦点化することがポイントになります。

問題解決型と呼ばれる「問題提示ー自力解決ー集団検討ーまとめ」という流れの授業では，自力解決にある程度の時間を取り，多様な方法を見いだすことを求められることが多くあります。一方で，その自力解決の時間に何をすればよいかわからず，止まってしまう子どもも多くいます。したがって，型にとらわれ過ぎず，考えるべきことを焦点化した短い自力解決が何度かあった方がよいでしょう。

また，集団検討で発表される内容が多様過ぎると，見方・考え方が深まっていきません。その点からも，自力解決を焦点化することは有効です。例えば，図で解決させたいという願いがあるのであれば，全員が図を使う必要があるような問題提示，自力解決にする方がよいでしょう。

3年「かけ算の筆算(2)」の授業で説明します。

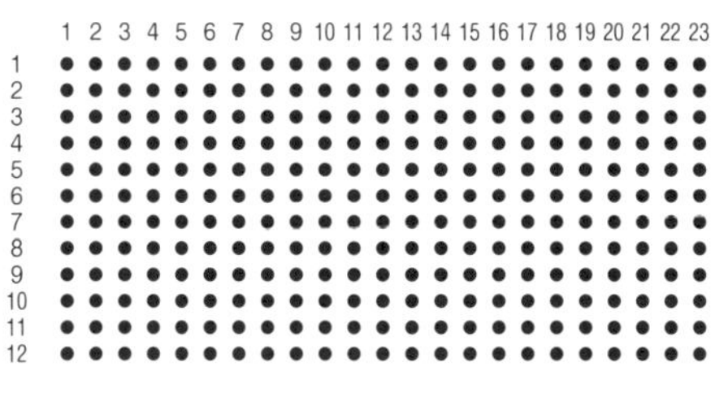

C１　やっぱり10ずつじゃない？

T　どうしてそう思ったの？　線を引いてみて。

C１　10ずつ縦に線を引くと10と10と３に分かれて…

T　ちょっと待ってね。簡単になりそう？　では，図に直線を引いて考えてみよう。

（自力解決）

C　23を20と３に分けると線が少ないよ。

T　分けたところは，どんなまとまりの数なのかな？

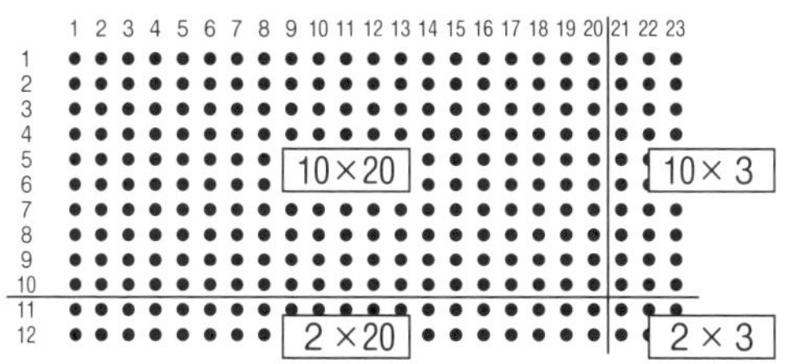

自力解決を焦点化すると，集団検討時の土台を整えやすくなります。限られた時間に解決させたいこと，話し合い深めたいことは何か意識して，デザインしましょう。

016

自力解決

問題解決に使えそうな既習の知識や考え方を探す

6年「分数のわり算」

子どもたちが問題解決を行う際，多くの場合で既習の知識が必要になります。自力解決の前にその知識を確認し，使える状態にすることが大切です。

算数では，未知の問題でも，既習の知識や考え方を用いることで解決することができる場合がよくあります。

しかし，子どもたちはこれまでの既習の知識や考え方をすべて使える状態で習得しているとは限りません。前学年までの内容を忘れてしまっていたり，理解が不十分な内容があったりすることもあるでしょう。そのような状態で自力解決に入ってしまうと，解決の見通しももてないまま時間だけが過ぎていってしまうことになります。

そこで，自力解決の前に，その問題の解決に使えそうな知識や考え方を探す時間を取ります。そうして，これまでの学習の中から使えそうな知識や考え方を集め，全員で確認します。後は，それをどう使って問題解決するかに焦点を絞って自力解決やグループ学習を行うことで，全員が考え始めることができます。

6年「分数のわり算」の学習場面です。

> 分数÷分数の計算の仕方を編み出そう！

T　計算の仕方を考えるために，使えそうなアイテム（知識や考え方）には，どんなものがあるかな？

C　数直線図で考えれば何とかなりそうです。

C　逆数が使えると思う。説明はまだできないけど。

（子どもたちが思いつくものをすべて出し合う）

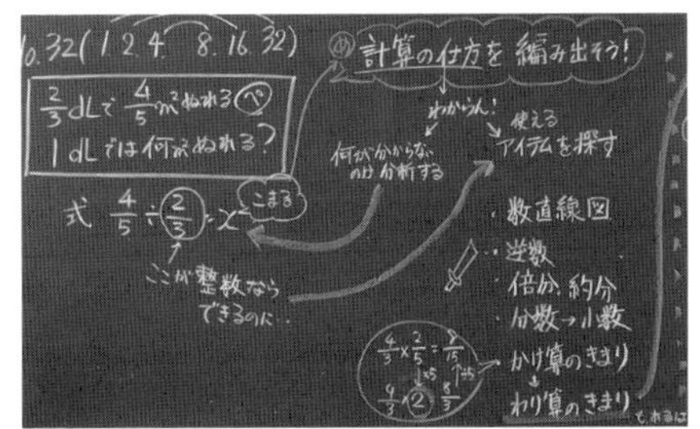

T　たくさん出たね。この中で使い方がよくわからないものはあるかな？

C　「わり算のきまり」って何だっけ？

T　じゃあ「わり算のきまり」を振り返ってみよう。

このように，問題解決の前に，既習の知識や考え方を集め，使えるようにしていきます。

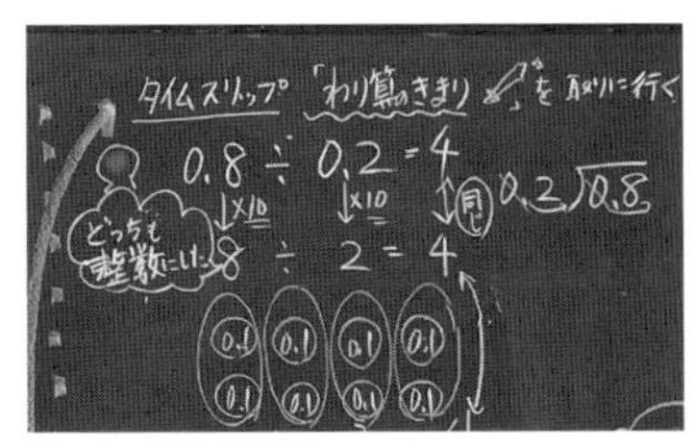

017

自力解決

自分で問題を選択できる環境を用意する

5年「正多角形と円周の長さ」

全員一律の問題ではなく，自分で問題を選択できる環境を用意してあげることで，主体的に学習に取り組む態度を育みます。

子どものタイプや学習内容によって，自力解決に際して子どもが望むことは異なります。ヒントをもらいながら解決を目指したいという子がいる一方で，自分１人の力で解決したいという子もいます。友だちと相談しながら解決したいという子もいることでしょう。そういった子どもたちの願いを全員一律の問題で叶えることは困難です。しかし，ワークシートを少し工夫して用意すれば，子どもたちが自分で難易度を選択して解決に取り組むことができます。

５年「正多角形と円周の長さ」の授業で説明します。

直径10㎝の円の円周の長さはどれくらいだろう。

この問題を提示したところ，子どもたちから様々な予想が出てきました。予想された長さが30～40㎝だったため，次のような問題を解決することとなりました。

> 直径10cmの円の円周の長さが30cmより長く，40cmより短くなることを図を使って説明しよう。

そこで，実際に直径10cmの円がかかれているワークシートを３種類用意し，一人ひとりにどのワークシートを用いるのか選択させました。

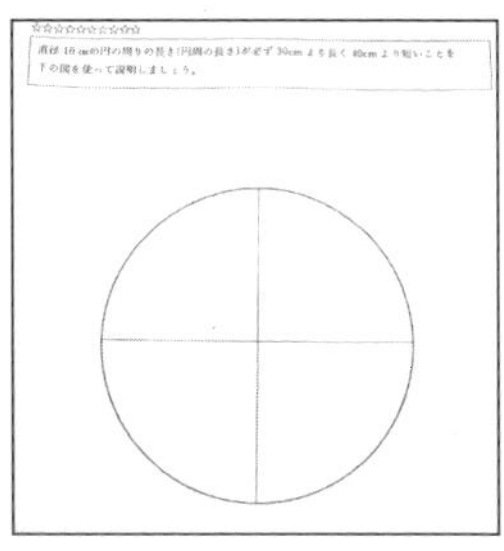

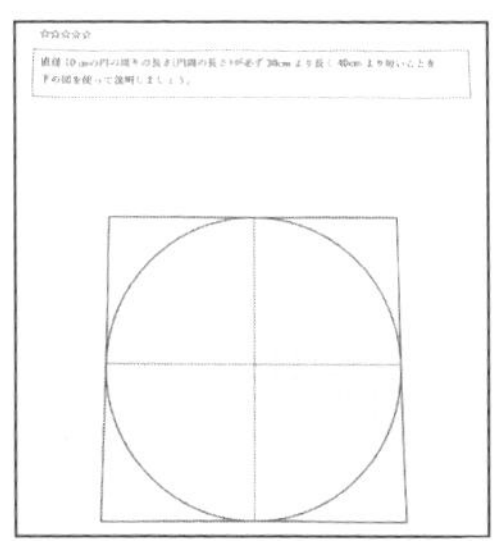

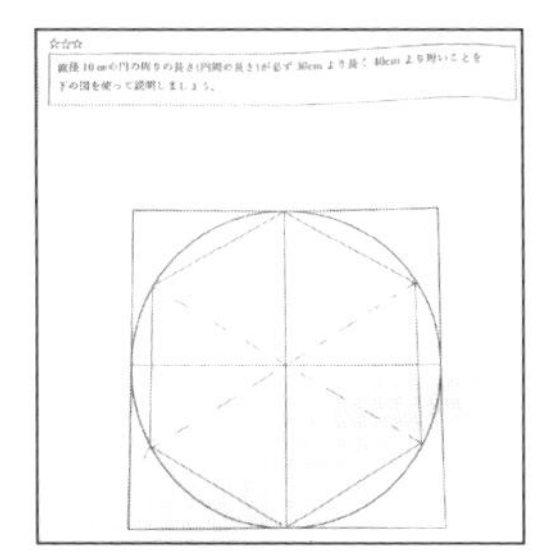

自分の意思でワークシートを変える子も出てくるなど，主体的に問題解決を行う姿を多く見ることができました。

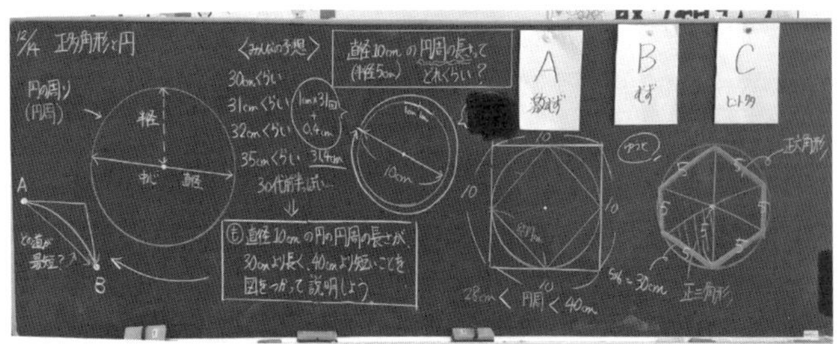

018

話し合い

誤答やつまずきを取り上げる

5年「単位量あたりの大きさ」

誤答やつまずきには，その子なりの論理や既習事項の解釈があることが多いものです。その過程に焦点を当てることは，「わかったつもり」になっている子にとっても，大切な見方・考え方を明らかにすることにつながります。

誤答やつまずきを取り上げる際は，慎重さも必要です。友だちの前で恥をかいたと感じたら，もう二度と発表したくないと思うかもしれません。したがって，本人の「困っていることを発表したい」「聞いてほしい」という思いを引き出すことが大事です。そのためには，その子のおかげで問題の本質が見えてきたり，見方・考え方が明確になったということを価値づけていくとよいでしょう。また，取り上げたい誤答を発表するのが難しい場合，教師から「こんな考え方の子が複数いたよ」と紹介してもよいでしょう。

5年「単位量あたりの大きさ」の単元半ばです。

単位量を求める設問を除いて，単位量を自分で求めて倍比例で活用する問題を提示しました。

ガソリン45Ｌで720km走る自動車があります。ガソリン32Ｌでは，何km走れますか。

Ｔ　少し困った，うまくいかなかったという人，発表できますか？

Ｃ１　なんか違う気がするんだけれど，45－32＝13，720－13＝707。

Ｔ　どうしてそうしようと思ったの？

Ｃ１　この前も，比例で上と下が同じ数ずつ増えたから，今回は上と下を同じ数ずつたしたりひいたりした。

Ｃ２　kmはkmに比例しているっていうのは，２倍，３倍になっていくことだよ。

Ｃ３　もしひき算だったら，32Ｌから０Ｌに減っても，707－32＝675km走れることになっちゃうよ。

Ｃ４　比例って，単位量の１Ｌ・16kmが，両方とも２倍，３倍になっていくんだよ。

Ｃ１　ひき算じゃなくて，かけ算する理由がわかってきた。

誤答の子にも，その子なりの論理や既習の解釈があります。本人に問い返すだけでなく，まわりの子に想像させてもよいでしょう。上の場面では，比例＝同じ数ずつ増えるという勘違いから，単位量あたりの大きさという二量のセットが２倍，３倍になると数直線で理解していきました。

019

話し合い

自分のおすすめの解法紹介を行う

5年「四角形と三角形の面積」

自力解決後に，教室内を自由に歩いたり，タブレットを活用したりして解法を共有させます。そして，自分のおすすめの解法を紹介させます。おすすめを選ぶ過程で，主体的に学習に取り組む態度が表出します。

自力解決で多様な解法が出てくるような教材を扱った際，教師が意図的，計画的に子どもを指名し，発言させることがあります。教師主導で話し合い活動を構成すると，ねらった思考を促しやすいというメリットがありますが，子どもは受動的になりがちです。そこで，子どもたち自身におすすめの解法を選ばせます。

具体的な過程は，以下のようになります。

①友だちの解法を読み取る。

②解法同士を比較する。

③簡潔・明瞭・的確な数学的表現を明らかにする。

④選択した根拠を言語化しようとする。

解法が考えられなかった子どもも参加でき，おすすめした子どももされた子どもも活躍することにつながります。

5年「四角形と三角形の面積」の授業で説明します。

次の台形の面積の求め方を考えましょう。

自力解決では，一人ひとりが様々な解法を考え出していました。本授業では，複数の考えを統合し公式化を図ります。その際には，できるだけ簡潔な解法を基に共有点を見いだしていく方が多くの子が参加しやすいと考えました。

T　それでは自由に席を立っていいので，友だちの考え方を見に行きましょう。そして，おすすめの考え方を1つ決めたら席に座りましょう。

C　私は○○さんの台形の高さを半分に切る方法をおすすめします。

C　確かに，○○さんの方法，いいと思った！

T　どんなところをいいと思ったのですか？

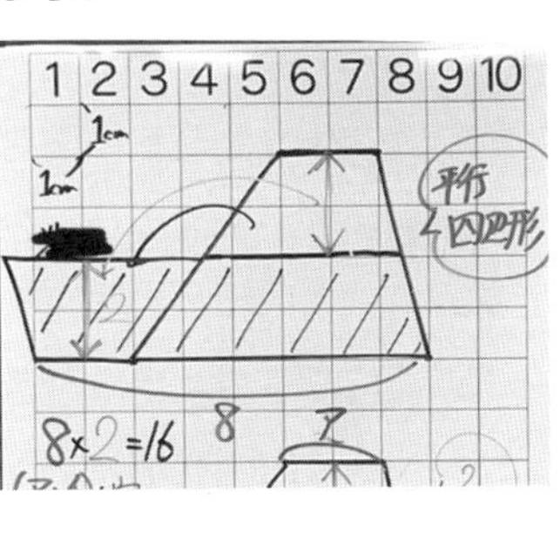

C　式が短いところ。

C　ぼくは□□くんの台形を2倍にする方法がいい。だって，三角形のときと同じ方法だから。

友だちの解法のよいところを見つけて話す姿を記録していくことで，主体性も評価しやすくなっていきます。

020

話し合い

サイレント発表で問題と図と式をつなげる

5年「四角形と三角形の面積」

考えを発表する場面は思考力・表現力・判断力が高められる貴重な場面です。そんな場面であえて発話を禁止し，色チョークのみで説明させると図と式などを色でつなげようとします。

算数の学習において，問題と式と図を行き来して考える力は，思考を整理するうえで重要です。低学年の段階から問題に線を引かせたり，図をかかせたりする指導は多く行われています。図は自らの思考を整理する道具となるだけでなく，他者に自分の考えの根拠を明確にして説明するための道具にもなります。ここでは，図を黒板に示し，そこに言葉による説明を加えるという発表場面を，次のようにサイレント発表に変えます。

①１人の子どもに，考えた図を黒板にかくよう指示する。
②次の子どもに，その図を見て，どんな式になるのかを書くよう指示する。
③さらに別の子どもに，どうしてその式になったのか，図のどこを見たのかを考え，色チョークで図と式をつなげるよう指示する。

こうすることで，１人の子どもが図をかき，式を書いて説明するはずだった時間に，新たに２人の子どもにも表現させることができます。特に，１人目の発表者の図からその意図を読み取ることは，２人目も３人目も行います。他の子どもたちも，ただ発表を聞くのではないので，黒板にかかれた図の意図を読み取ろうとします。他者が読み取ることになることから，図が適切であったかどうかも明らかになります。

このサイレント発表に慣れてくると，普段のノートでも問題と図と式をつなげようとする子が増えてきます。

５年「四角形と三角形の面積」の授業で説明します。

> 台形の面積の求め方を考えましょう。

子どもたちの考えた多様な解法をサイレント発表で読み取り合いました。

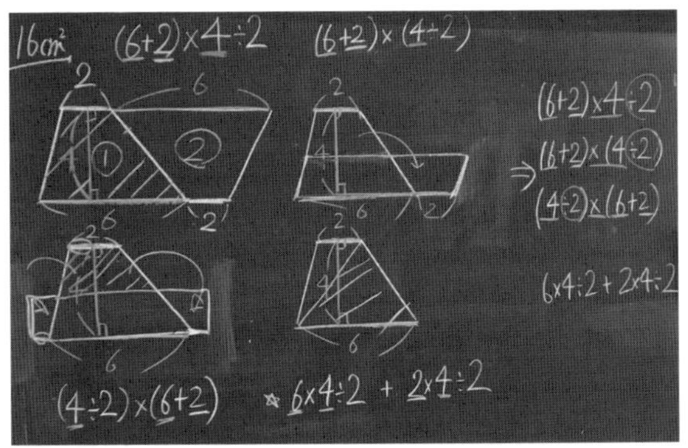

021

話し合い

リレー発表で説明をつなぐ

6年「分数のわり算」

１人の子どもが自分の考えを最初から最後まで話すと，活躍できるのはその子１人ですが，その子の考えをよく聞いてリレー形式で説明をつなげていけば，活躍できる子を増やすことができます。

授業の中では，話し手と聞き手が一体となって成長していくことが重要です。具体的には，話し手は端的に説明する力を，聞き手は話し手の意図を理解する力をつけていくということです。

そこで，１人の子どもが解法を説明する場面を細かく切り分け，発言する子どもを次々に変えていくようにすると，前の子の発言をよく聞き，その意図を理解し，端的に続きを話すようになっていきます。

6年「分数のわり算」の授業で説明します。

2 m²で$\frac{7}{8}$kgのじゃがいもがとれる畑が$\frac{5}{9}$m²あるとすると，何kgのじゃがいもがとれそうですか。

この問題を提示し，式を考えさせました。すると1人の子どもが数直線をかきました。そこで，その子の考え方や困り感をみんなで読み取り，式をつくり上げました。

T　Aさん，ノートに書いたことを黒板に書いてください。
A　（数直線に未知数の□と3つの量は記せた）
A　ここまでかいたけど，この後がわかりません。
T　同じ気持ちの人もたくさんいたようですが，Aさんはなぜ難しく感じたかわかりますか？
C　さっきの問題と違って，1 m^2あたりの重さがわからないからだと思います。
T　ではどうしたらよいのでしょうか？
C　まず1 m^2あたりの重さを求めればよいと思います。
T　では，ここからどのように求めるかをみんなで説明してください。
C　（数直線に1 m^2を書き込む）
T　では，次の人。
C　広さと重さが比例しているならば，1 m^2あたり$\frac{7}{8}\div 2$㎏とれることになります。
T　では，次の人。
C　1 m^2あたりがわかったから，$\frac{5}{9}$ m^2では$\frac{7}{8}\div 2\times\frac{5}{9}$になります。

022

話し合い

教師が間を取ることで，子どもが考える時間を生み出す

5年「単位量あたりの大きさ」

話し合いの中で意図的に間を取ることで，子どもが考える時間を生み出します。何も言葉を発さない時間をつくると，子どもは自分で考え始めます。

教師は子どもの活発な話し合いを期待します。しかし，いつも活発である必要があるのでしょうか。算数が得意な子どもが先行知識などを基に活発に発言しても，話し合いの流れについていけない子どももいるかもしれません。そうすると，多くの子どもが教師の発問や提示した問題の意味がわからないままに話し合いが進んでしまうことになりかねません。そこで，教師が間を取ることで，子どもが考える時間を生み出します。間を取る場面としては，先行知識を話し始めたとき，問題提示や発問をした直後が有効です。例えば，ある子どもが先行知識を話し始めたときに間を取ると，その子は何を考えるでしょうか。きっと，「あれ，これではみんなに伝わらないな。言い換えよう」と考え出します。また，発問の直後に間を取ると，子どもは教師の発問に対してどのように答えるかを考えます。こうして子どもが考える時間をつくることが大切です。

5年「単位量あたりの大きさ」の授業で説明します。

歩くのが速いのはだれでしょうか。

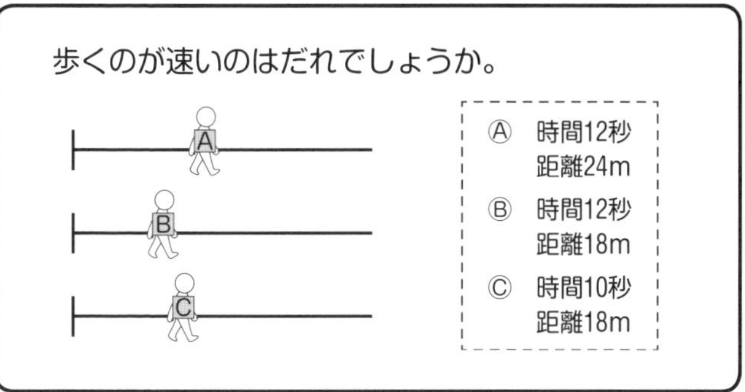

授業の冒頭です。歩く速さを比べようとすると，１人の子が勢いよく先行知識を話し始めました。まわりの子は，その発言の意味がわからず困った表情を浮かべています。

A　秒速で比べるといいと思います！
C　えっ…。（周囲の子どもの表情が曇る）
T　（教室の子どもを見渡しながら20秒の間を取る）
A　言い換えます。１秒とか10秒とか時間をそろえて比べるといいと思います。
C　混み具合の学習に似ているね。

授業後に，言い換えた子ども（A）にその理由を聞くと，「シーンとなっているから，なんでだろうって考えると，自分の話が伝わらなかったんだろうなって思ったから」と答えました。間を取ることが，子ども自ら考えて発言することにつながります。

023

話し合い

目的とゴールを明確にしてペアトークを行う

4年「小数のしくみ」

　ペアトークやグループトークは，自分の考えを表現したり互いの考えを解釈したりするうえで非常に有効な手段です。その効果をより発揮させるためには，子どもも教師も目的とゴールを明確にもっておく必要があります。

　ペアトークを行うと，学級全体がにぎやかになり，子どもたちは活発に思考しているように見えます。しかし，よく見ると，理由までしっかり交流しているペアがいる一方で，答えだけ確認し，時間を持て余しているペアがいることもあります。こんなペアトークの時間を，どの子にとっても有意義なものにしたいものです。

　そこで大切にしたいのが，ペアトークに際して，目的とゴールを確認しておくことです。例えば，友だちの考えを解釈させることをねらったペアトークの際に，

「○○さんの今の意見がわかったか，話しましょう」

というだけでは，「わかった」と言い合って終わってしまうことも考えられます。

　そこで，ペアトークの前に，「何のためにこのペアトー

クをするのか」という目的と「どうなったら目的達成なのか」というゴールを確認します。

４年「小数のしくみ」の授業で説明します。

0.538と0.53，大きいのはどちらでしょう。

A　0.53に０をたせば（$\frac{1}{1000}$の位に０をつけると）位がよく見えて，比べやすくなります。

T　Aさんの考え方，おもしろいなぁ。これまでにない考え方だったけど，みんな伝わったかな？

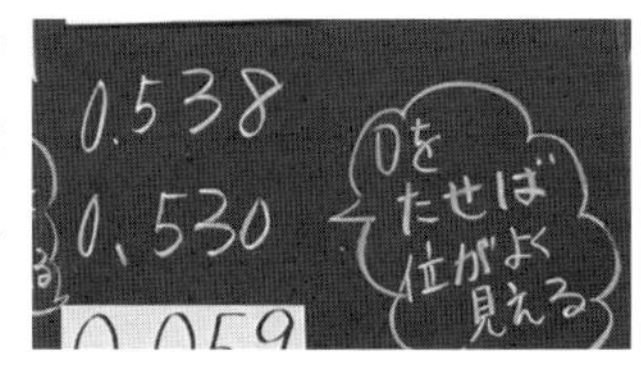

C　もう１回聞きたい！

T　わかった。じゃあ，もう１回Aさんに話してもらうね。その後，①Aさんが伝えたかったことをペアで確認（解釈）してみましょう。②ペアの２人が両方説明できたら，その場に立ちましょう。

上の場面では，下線部①が目的，下線部②がゴールです。「両方説明できたら立つ」という動作を加えることで，学級のどのくらいが説明できたのかを見取り，次の展開に生かすことができます。ペアトーク後には，「自分もよくわかった」「考え方が増えた」など，ペアトークをすることのよさを振り返り，自覚させていくことも大切です。

024

話し合い

教師の視線で子ども同士の話し合いをつなぐ

2年「たし算とひき算」

話し合いのとき，教師はだれを，あるいは，どこを見るとよいのでしょうか。教師の視線を話し手の子どもではなく，聞き手の子どもに向けることで，子ども同士の話し合いをつなぐことができます。

話し合いのとき，特にだれかが発表したり，黒板の前に出てきて説明したりする際，教師がどこを見るかということはあまり意識していないのではないでしょうか。そして実際には，話し手の子どもの方を見ていることが多いと思います。しかし，これでは子ども同士の話し合いがつながりにくくなります。なぜなら，話し手の子どもは教師を見て話し，聞き手の子どもは下を向いてノートを必死に書いていることが多いからです。そこで教師は，話し手の子どもではなく，聞き手の子どもの方に視線を送ります。そうすることで，話し手の子どもは，教師ではなく聞き手の子どもに話すようになります。また，聞き手の子どもは，教師からの視線を感じ，今は話を聞くときであることを認識することができます。話し手と聞き手が互いを意識して話し合うためには，教師の視線が大切です。

2年「たし算とひき算」の授業で説明します。

あおいさんは，おはじきを何個か持っていました。妹に６個あげると残りは18個になりました。あおいさんは最初におはじきを何個持っていたでしょう。

上の問題文を表す式が，たし算とひき算のどちらになるのか，テープ図を用いて話し合いました。そのときの話し手の子どもの視線は教師，聞き手の子どもの視線は話し手，またはノートでした。話し手の子どもの一方的な説明になっていたので，教師の視線を話し手の子どもから聞き手の子どもたちの方に変えました。

T　（教師が視線を聞き手の子どもたちに向ける）
C　最初のおはじきがあって…，ここまで，いい？
C　わかる！　それから…？
C　妹に６個あげたからテープ図の端から取り除いて…

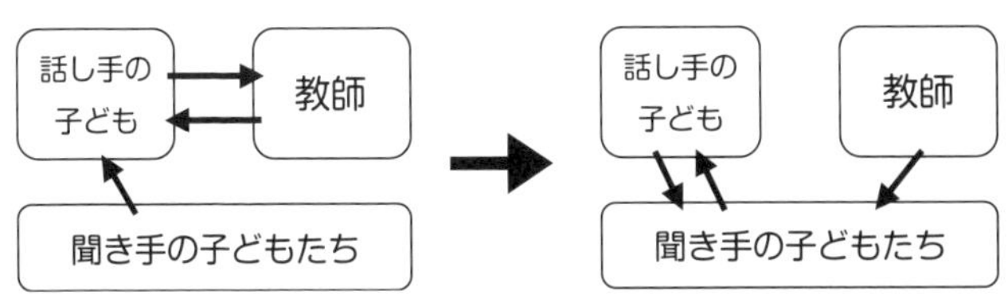

上図のように教師の視線を変えただけですが，話し手の子どもの言葉が変わり，聞き手の子どももそれに呼応しながら話し合いがつながっていきました。

025

話し合い

教師の説明後，ペアで確認を行う

1年「かたちづくり」

教師からの説明の後，そのまま活動に入らずに，一度ペアで確認する時間を取ることで，聞き取った内容を整理し，その後の活動に見通しをもって取り組むことができます。

学習活動の中で教師から説明をする場面は多くあります。特に，何か活動をするような場合，説明が複雑になったり，長くなったりする場合もあるのではないでしょうか。このようなときそのまま活動に入ると，子どもたちの中に混乱が生じたり，教師が伝えたかった内容が正確に伝わっていなかったりすることがあります。これは，個々の聞き取った内容にずれがあるか，意味がわからないまま個々に取り組むことが原因として考えられます。

そこで，説明をひと通り終えた後に「今，説明した内容をペアで確認しましょう」と投げかけ，一度立ち止まってペアで確認する時間を設定します。そうすることで，ずれに気づいたり，聞き逃したことを補完し合ったりすることができます。その後の活動に見通しがもて，充実した活動につながります。

1年「かたちづくり」の授業で説明します。

点と点を線でつないで，5マスの形をつくろう。

形の分解と合成について考えるため，格子点を線でつないで形づくりをしました。問題についてひと通り説明しましたが，1年生には複雑で理解できない子もいました。

C　えっ，どういうこと？　よくわからない…。
C　点と点をつなぐってどうやってつなぐの？
C　5マスの形ってどういうこと？
T　今先生が説明したことをペアで確認しましょう。
C　今の話どういうことだったの？
C　こうやってつなぐと1マスだよ。（下図①）
C　だったらこれで5マスの形になるね。（下図②）

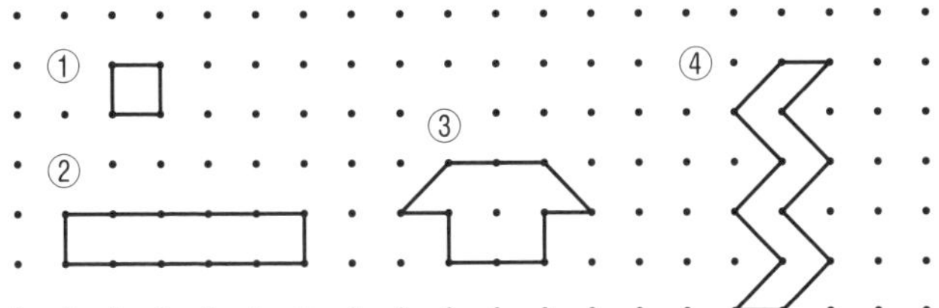

もし確認をしないまま活動に入っていたら，子どもからたくさんの質問が出て，それに答えるのに時間がかかったでしょう。ペアでの確認を取り入れることで，子どもたちは教師からの説明の意味を理解し，迷いなく次々に5マスの形を完成させました（上図③，④）。

026

振り返り・まとめ

キーワードで短くまとめてから深める

5年「単位量あたりの大きさ」

集団検討が長くなると，大切な考え方が何かわからなくなってしまう子がいます。そこで，授業の終末では，いったんキーワードで短くまとめさせてから深めていくと，より効果的な振り返りになります。

集団検討で多様な考えが出たり，誤答から深めていったりした後，子どもたちに問題の本質や重要な見方・考え方を意識させていきます。その際，「大切な考え方は何かな？」「いろいろな考え方があったけれど，何が大切だったの？」などと問いかけながら，できるだけ短い言葉，キーワードでまとめさせます。そのキーワードをきっかけに授業の大切な内容を深く振り返っていきます。

5年「単位量あたりの大きさ」の単元半ばです。

ガソリン45Ｌで720㎞走る自動車があります。ガソリン32Ｌでは，何㎞走れますか。

「話し合い」の「誤答やつまずきを取り上げる」（p.56～57）の続きの場面です。比例＝同じ数ずつ増えるという誤概念を取り上げていました。

T　今日の授業で，何が大切だったと思う？
　短いキーワードでまとめられるかな？
C１「比例はかけ算」
C２ ガソリンが２倍，３倍になると，距離も２倍，３倍になる。
C３「単位量あたりの大きさ」が大切だった。
T　「単位量あたりの大きさ」って，詳しく言える？
C３ １Ｌあたり16㎞というのが２倍，３倍になっているから，数直線でいうと，ここの１Ｌあたり16㎞を考えるのが大事。

キーワードをあげていくことで，大切な考え方を具体化していきます。１Ｌ・16㎞という数対が固定していることを意識したことで比例の意味が深まっていきました。

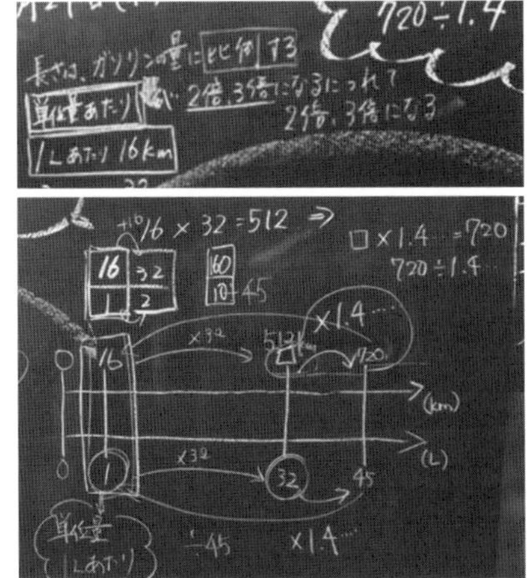

027

振り返り・まとめ

一人ひとりとの対話で振り返る

6年「円の面積」

子どもと教師の対話によって振り返りを行います。振り返りを読むだけではわからなかったことが，対話によって見えてくる場合があります。

振り返りを行う場合，子どもたちが自分のノートに書いてまとめることが多いと思います。しかし，授業後に教師が振り返りを読んでも，ノートの記述からだけでは言いたいことが読み取れない場合があります。

そこで，振り返りの際，その内容について子どもと対話してみてはどうでしょう。振り返り内容について教師が質問することで，その子が伝えたいことが何なのかがだんだんと明確になっていきます。また，その場でその発見をともに喜んだり価値づけたりすることもできます。本人も，自分の学んだ内容やそのよさをより強く自覚することができるでしょう。

振り返りを書いたときに，タブレット等で写真を撮って共有すれば，教師はその場ですべての内容を把握することができます。気になる振り返りがあれば，教師から話しかけて，その場で対話してみましょう。

６年「円の面積」の授業で説明します。

複合図形の面積について，既習の図形を組み合わせて考えるという授業内容でした。

その時間の，ある子どもの振り返り（下写真）と，それを読んだ教師との対話を紹介します。

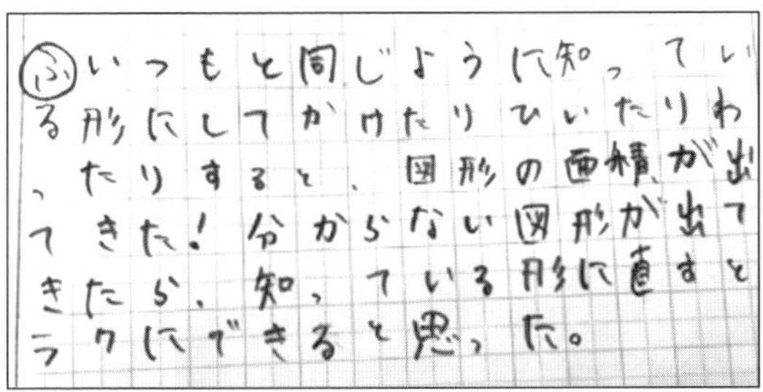

ふ いつもと同じように知っている形にしてかけたりひいたりわったりすると、図形の面積が出てきた！分からない図形が出てきたら、知っている形に直すとラクにできると思った。

T　「いつもと同じように」ってことは，前にも知っている形にしたことがあったってこと？

C　円の面積とか，三角形とか，全部知っている形に戻して考えたじゃないですか。そのときです。

T　そうか！　「今回も」それが大切だと思ったんだね。

C　はい,「今回も」ですね！

対話することで，子ども自身がその発見の価値を改めて解釈することができます。子どもの発見を教師がともに喜んだり，その価値を分かち合ったりすることは，子どもたちが次の授業を主体的につくっていくことにもつながります。

028

振り返り・まとめ

板書で振り返る

4年「計算のきまり」

授業の終末に，板書を見ながら1時間の授業を振り返ります。板書の中に残された子どもの考え方や気づきのうち，何が一番大切だったのかを選択・判断することで振り返ります。

授業の終末に1時間の振り返りを行う際，重要な手がかりになるのが板書です。

板書には，その1時間の子どもの学びの足跡が残っています。板書を見ることで，子どもたちは授業（問題解決）の過程を振り返りながら，そこでどんな考え方が登場したのかを再確認することができます。

大切な考え方を自分1人の力で判断して答えるのは，子どもたちにとって難しいことですが，板書に書かれた中から選ぶことなら，比較的簡単です。「今日一番大切な考え方は，黒板の中のどれだと思うか」を指さしたり，隣同士話し合ったりすることで，自分で考え，判断しながら，振り返りを行うことができます。

4年「計算のきまり」の授業で説明します。

□に何が入れば計算がかんたん？

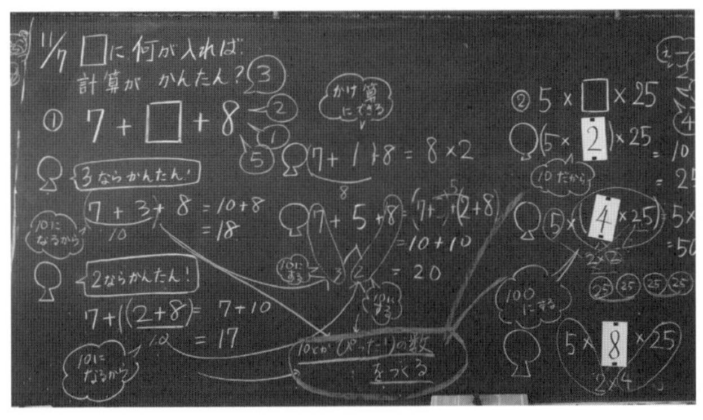

授業終末部の，振り返り場面です。

T　黒板の中で，今日一番大切だと思ったところを指さしてみましょう。せーの！（子どもたちが指さす）

C　私は，10とか100とか，ぴったりの数をつくるっていうところです。

T　ここを選んだ人が多いね。なんで大切だと思ったの？

C　そうすると計算が簡単になったからです。

黒板にただ問題と答えが書いてあるだけでは，振り返る際役に立ちません。吹き出しなどを用いて，板書に子どもの考え方やそのときの言葉を残しておくことが大切です。そうして，その時間に子どもに振り返らせたいことが見える板書を心がけましょう。

029

振り返り・まとめ

授業の最後に発展させて，次の時間につなぐ

4年「大きい数のしくみ」

授業の最後5分を，本時の学習内容を発展させる時間とします。どのように発展させるかを各自に考えさせ，次の時間の学びにつなぎます。

授業の最後に「本時の学習内容を発展させるとしたらどんなことができそうか」と意図的に発展させる時間を取ります。ここで子どもが出したアイデアは，次時で扱う問題にします。そうすることで，子どもたちは自分たちで問題を生み出したと感じるでしょう。算数の問題は，教師から提示されることが多いため，子どもたちは先生から問題が出てくるのを待っているだけになりがちです。授業の最後に次の時間に考えることを見いだすというサイクルをつくることは，そういった子どもたちの待ちの姿勢を改善する一手になります。

4年「大きい数のしくみ」の授業で説明します。

1～9までの9枚の数カードをすべて使って整数をつくりましょう。

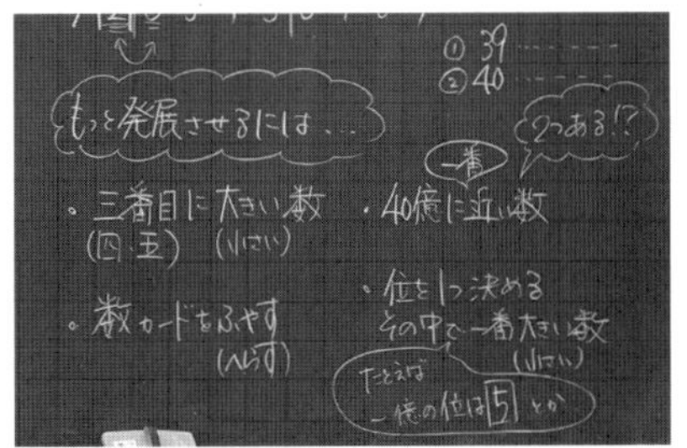

０～９までの10枚の数カードを示したうえで，１～９までの９枚でスタートし，一番大きい数や一番小さい数を学習します。その後，授業中に「０が入ったらもっと難しくなる」という声を基に簡単な発展を経験させておきます。最後に，さらに発展させる視点を子どもに問い，そこで出てきたアイデアを次時に取り上げます。

T　この問題をもっと発展させるとしたら，どんなことができそう？　近くの人と話してみよう。

C　３番目や４番目に大きい（小さい）数を調べる。

C　数カードを増やしたり，減らしたりする。

C　○○に一番近い数って，３年生のときもやったよ。

T　では，次回の授業では，３番目や４番目を調べたり，○○に近い数について考えたりしてみよう。

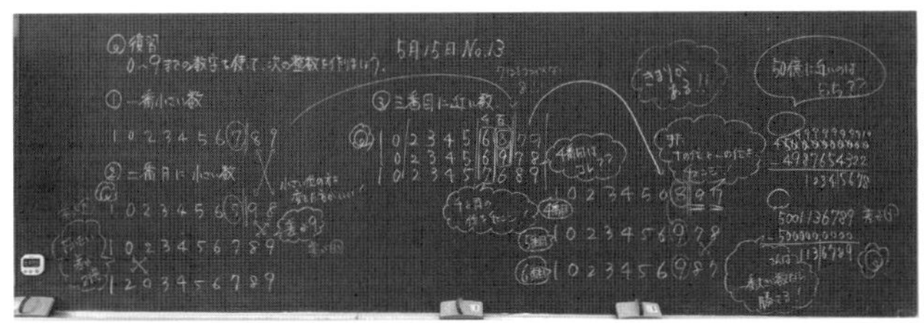

030

振り返り・まとめ

授業の最後に発展させて，家庭学習につなぐ

5年「正多角形と円周の長さ」

授業の最後5分を，本時の学習内容を発展させる時間とします。どのように発展させるかを各自に考えさせ，家庭学習へと学びをつなぎます。

前項と同様「本時の学習内容を発展させるとしたらどんなことができそうか」と意図的に発展させる時間を取ります。数値を変えても同じようにできるか確かめたり，少し難しい数値や場面設定に変えたりと学びを個に返します。

5分間では，発展のさせ方を考え，少し試したところで時間になってしまいます。しかし，これもねらいの1つです。あえて短い時間に設定しておくことで，続きを家庭学習で取り組むきっかけとします。そして，子どもたちが家庭学習で取り組んできた内容を次の算数の授業で取り上げたり，価値づけたりすることで，学びを学校の外へと広げていく子どもに育てていきます。

5年「正多角形と円周の長さ」の授業で説明します。

まわりの長さはどちらが長いでしょう？

大きい半円とその中の2つの半円のまわりの長さの和は，どちらの方が長いかという問題です。両者は等しいことがわかったところで，問題を発展させるアイデアを問います。

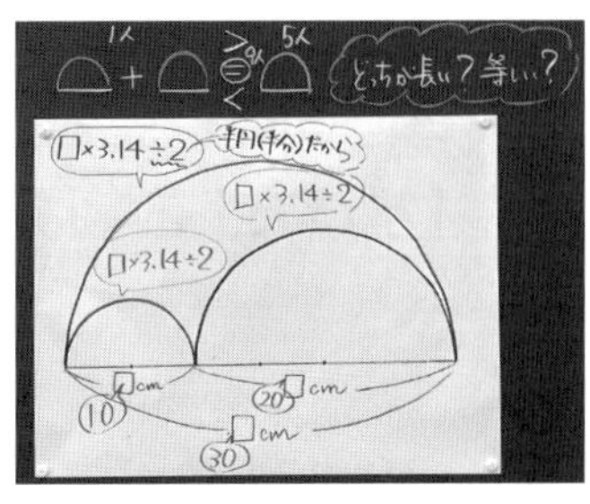

T　この問題を発展させるとしたら，どんなことができそう？　近くの人と話してみよう。

C　円にしても同じことが起きるんじゃないかな？

C　中の半円の数を増やしてみたらどうかな？

C　数値が変わっても成り立つのかな？

T　調べてみたい内容にチャレンジしよう！

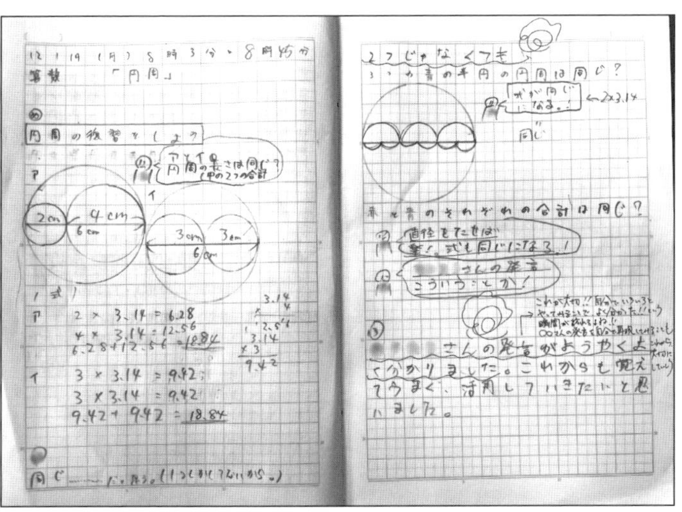

031

振り返り・まとめ

毎回同じ視点で振り返り，「学び方」を学ばせる

6年「角柱と円柱の体積」

振り返りの仕方を毎時間同じにすることで，「算数はこういうことを考えながら学習するといいんだ」という「学び方」を子どもが理解しやすくなります。そこで，「これは毎時間振り返る」という内容を決めておきます。

算数には「前の学習との共通点を見つけることで新しい知識を発見する」（統合的考察）ことによって，「自ら問題を発展させる」（発展的考察）ことができるという教科の特質があります。振り返りの際は，いつもこの２つの視点を意識するとよいでしょう。

具体的には，「今日の授業の大事な考え方・今までの学習の大事な考え方との共通点」「その考え方を使えば，どんなことができる？」という２つの視点で振り返ります（文言は学級や学年に応じたものに変えます）。

毎時間，この２つの視点をもって振り返りを行うことによって，「考え方の共通点はあるかな？」「共通する考え方を使えば，どんなことができるかな？」と意識して算数の学習に取り組むことができるようになっていくのです。

6年「角柱と円柱の体積」の授業で説明します。

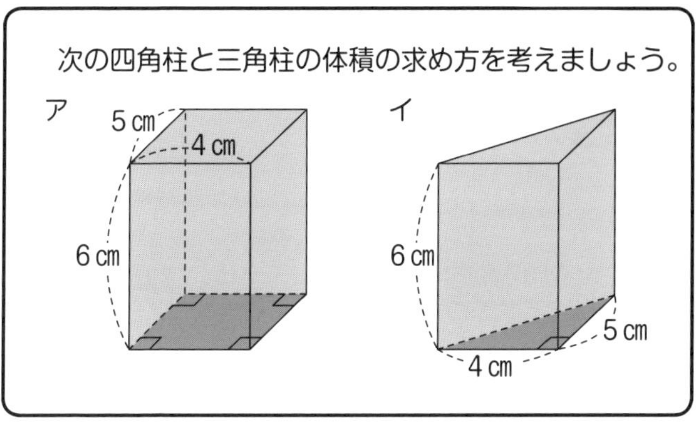

下のノートは，ある子どもが上記の学習後の振り返りを書いたものです。

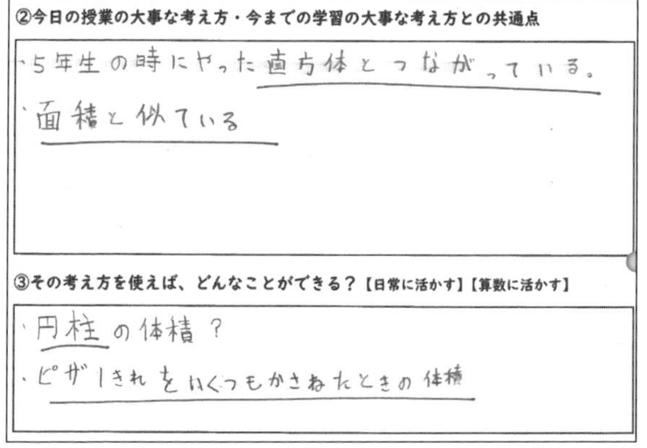

全員がいきなり書けるようになるわけではないですが，毎日続けていくことによって，少しずつ統合的・発展的な考察ができるようになっていきます。

032

振り返り・まとめ

単元全体の振り返りをする

3年「小数」

毎時間の授業だけでなく，単元全体の学習を振り返ることも大切です。単元全体を振り返ることで，単元を通して使ってきた重要な考え方がわかるとともに，次の学習にもつなげやすくなります。

前項でも述べたように，算数は「前の学習との共通点を見つけることで新しい知識を発見する」（統合的考察）ことによって，「自ら問題を発展させる」（発展的考察）ことができるという教科の特質があります。前の学習との共通点を見つけるためには，前の学習を理解している必要があります。知識や技能だけでなく，考え方を理解するということが大切です。そのためには，1時間ごとの学習のつながりを考え，共通する考え方をまとめる必要があります。

そこで重要になるのが単元です。単元というのは，数や場面が異なったとしても，共通する考え方が使われている学習内容でまとめられています。要するに，共通点が見つけやすいのです。単元全体の振り返りを行い，単元を通して使ってきた重要な考え方をまとめるとともに，その先の学習についても考えさせます。

3年「小数」の単元末の時間を例に説明します。

① 「小数」は，今までのどんな学習とつながっていましたか。
② 「小数」は，どんなことに着目することが大切でしたか。
③ 「小数」の学習を通して，できるようになったこと，これからできそうなことは何ですか。

下のノートは，子どもが実際に書いた「小数」の単元の振り返りです。「○○を１とする」という大切な考え方が言語化されているとともに，小数のかけ算・わり算への学習のつながりを考えていることがわかります。

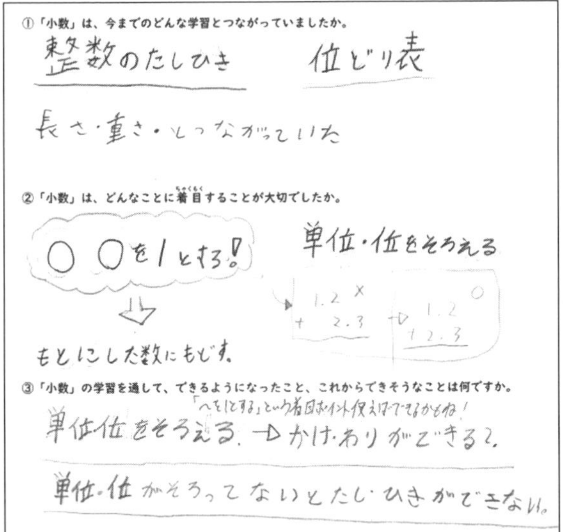
① 「小数」は、今までのどんな学習とつながっていましたか。
整数のたしひき　位どり表
長さ・重さ・とつながっていた
② 「小数」は、どんなことに着目することが大切でしたか。
○○を１とする!　単位・位をそろえる
1.2　×
＋　2.3
1.2　○
＋2.3
もとにした数にもどす。
③ 「小数」の学習を通して、できるようになったこと、これからできそうなことは何ですか。
単位位をそろえる．→かけ・わりができるて．
単位・位がそろってないとたし・ひきができない。

033

振り返り・まとめ

振り返りの観点をつくる

6年「分数のわり算」

授業の振り返りを行う際，何を振り返るのか，その観点を設定します。観点を定めて振り返りを行うことで，授業中もそれを意識して学ぶことができるようになっていきます。

自由に振り返りを書かせると，毎時間の大切なポイントを自分で判断して振り返ることができる子どもがいる一方で，黒板に書かれた内容を写すだけの形式的な振り返りを書く子どももいます。子どもにとって意味のある振り返りにするためには，何を振り返ればよいか，その観点を子ども自身が意識することが大切です。

そこで，子どもたちと，みんなの振り返りが何を振り返ったものなのかを分類してみました。下の写真はそれをカードにしたものです。

「目の付け所（見方）」「考え方」などの観点カードをつくり，自分の振り返った内容がどれにあたるかを分類していきます。最初は難しいので，教師が一緒に分類を手伝う方がよいですが，

続けていくうちに，自分の振り返りの観点を意識できるようになっていきます。振り返りを続ける中で，自分たちで新たな観点を加えることもできるでしょう（上の写真は子どもたちが発案した観点です）。

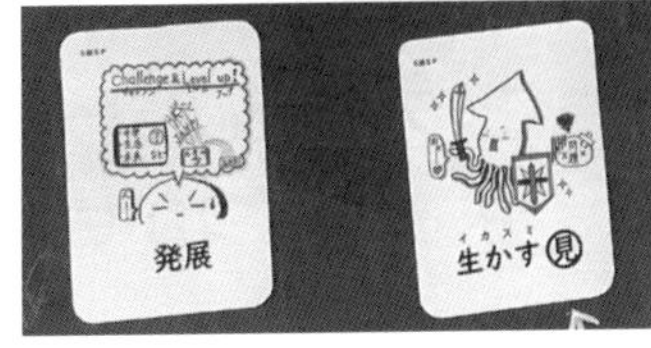

6年「分数のわり算」の学習の振り返り場面です。

分数÷分数の計算の仕方を編み出そう。

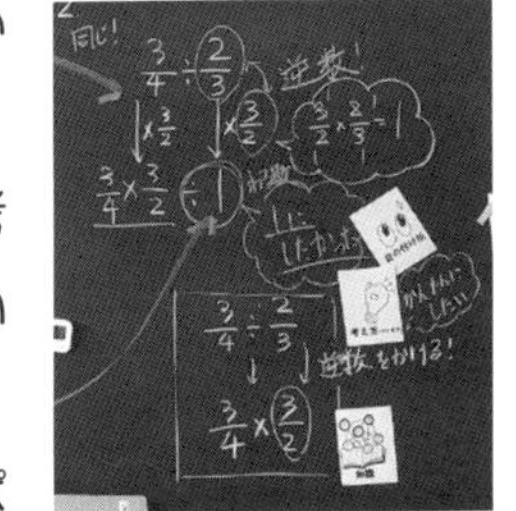

T　今日大切だと思ったことは何かな？

C　私は，わる数を１にしたいと考えたところが一番大切だと思いました。

T　この部分だね。とても大切なポイントだよね。これは，「考え方」になるのかな？それとも…（カードを選ばせる）

C　う～ん，１に「目を付ける」のが大切なんだと思うから「目の付け所」で！

観点を選択し，板書の該当箇所にカードを貼ります。その経験を重ねることで，子どもたちは少しずつ大切な見方や考え方を意識できるようになっていきます。

034

振り返り・まとめ

ビフォー&アフターで よさに気づかせる

1年「たしざん」

考えを修正する前後を比較させます。考えを修正する過程で数学的な見方・考え方を働かせているはずです。その見方・考え方を振り返らせ，見方・考え方を働かせたことで，どのように考えが変わったのかということを自覚させます。

「よさ」は，その反対の「よくないこと」との対比によって明確になります。子どもが表出する素朴な考えや未熟な考えを修正し，よりよい考えへと高めていくような場面では，その修正する過程で，数学的な見方・考え方を働かせています。修正する過程で働かせた見方・考え方を，教師の問い返しなどによって全体に自覚させるようなことはされていると思います。しかし，一部の子たちの発言やつぶやきは出るものの，声を出していない子どもたちがどの程度自覚できているのかについて，教師には見えない部分もあります。しつこいかもしれませんが，改めてその前後を比較させ，考えがどのように変わったのか，見方・考え方を働かせたことによってどんなよいことがあったのかなどを全員で振り返る時間を設けます。

１年「たしざん」の授業で説明します。

同じ答えのたし算を並べてみよう。

子どもたちが同じ答えのたし算カードをつくって並べてみました。子どもたちは，最初は何の意図もなくカードを並べていきます。このままでは，きまりは見えづらいです。子どもが必要感をもってカードを並べ替えたとき，次々にきまりが見え始めます。この並びを修正する前後を改めて比較させ，変わったことや，変えたことによるよさについて振り返らせます。ここでは，ビフォー&アフターシートを用いながら，まずはペアで話をさせ，その後個人でシートに記入させる形をとりました。

T　並べ替える前と後で，どんなことが変わりましたか？
　　また，変えたことでどんなよさがありましたか？

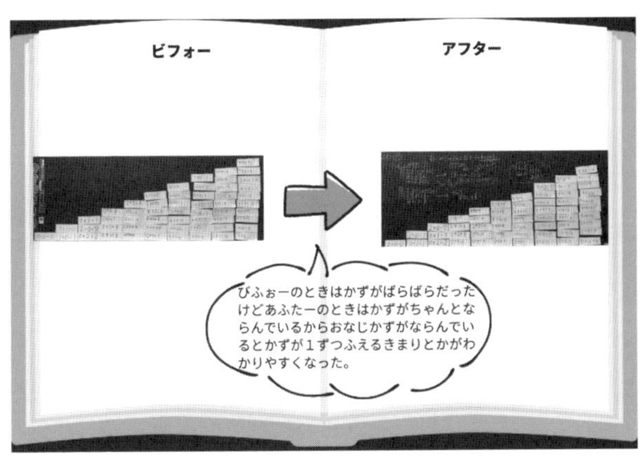

035

振り返り・まとめ

大切だと感じた場面を共有してから振り返る

4年「角の大きさ」

授業終末の振り返り場面の前に，本時で自分にとって重要だった場面を問い，その視点を共有してから振り返りの記述に入ります。

授業の終末の振り返りの際，何も示さずにただ記述させてしまうと，全体で行った本時のまとめと同じことを書く子が出てしまう場合があります。

同じ授業に参加していても，子どもによって，その時間で一番心に残った内容は異なるのが自然です。まとめの内容を理解するのに至ったきっかけも異なるはずです。

そこで，振り返りを記述する前に，ペアやグループ，学級全体で共有する時間を取ります。共有の仕方には，以下の２種類があります。

①ペアやグループで話す。

②黒板に書かれた自分の考えに合うものにネームプレートを貼る。

いずれの場合も，子どもに問うのは「自分が一番なるほどと思った場面，すっきりした場面はどこですか？」です。

４年「角の大きさ」の授業で説明します。

> 三角定規を組み合わせるとどんな角度ができる？

授業終末の振り返り前に，「自分が一番なるほどと思った場面，すっきりした場面はどこか」を問い，板書のあてはまる部分にネームプレートを貼らせました。

C　できた角度を並べたときに，15°ずつ増えているというきまりが見えた場面。
C　165°はできないのかと新しい問いが生まれた場面。
C　三角定規をくっつけるだけじゃなくて，重ねるというアイデアを聞いた場面。
C　角度をたしてもいいってわかった場面。
T　では，その場面のことについて，自分の考えや思いをノートに書いてみましょう。

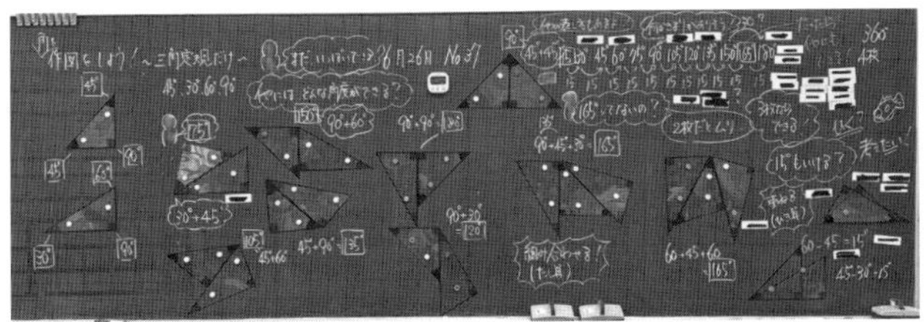

事前に共有することで，同じ部分について書こうとしている人がいるという安心感を得たり，自分もやっぱり○○について書いてみようかなと自分の考えを変えたりして，振り返りに前向きな子どもの姿を引き出すことができます。

036

発問

発想の源を問う

3年「小数」

問題の解き方を理解しても，問題場面が変わると解けない，という子どもが多くいます。それを改善するには，問題を解くための着眼点を言語化することが大切です。そのために，発想の源を問うのです。

発想の源とは，「どうしてそうしようと思ったのか？」という，問題解決のための着眼点です。算数の言葉で言えば，「数学的な見方」です。

例えば，0.3+0.2という小数のたし算を，「0.1を１とみる」ことによって，既習である整数同士のたし算にして考えることができるようになります。そこで，「どうして，0.1を１としようと思ったの？」と発想の源を問うのです。実際の授業では，「小数を整数にしたいから」という答えが子どもから返ってきました。「小数のままではできないから，整数にしたい」という問題解決のための着眼点が言語化されたのです。「整数にする」という着眼点がわかれば，0.05+0.13といった問題でも「0.01を１とする」と自分で考えられる子どもが増えることでしょう。

3年「小数」の授業で説明します。

0.3Lと0.2Lのジュースをあわせると何L？

C　まず，0.1を1として，3＋2＝5と考えて，0.1が5個ということだから，0.5になります。

T　どうして，まず0.1を1としようと思ったの？

C　0.1を1とすれば，0.3を3，0.2を2と考えることができて，整数の計算にできるからです。

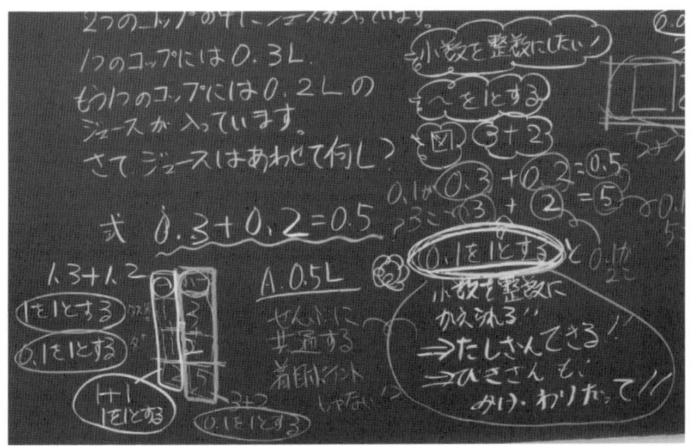

問題解決のための着眼点が言語化されると，「だったらこんなこともできるかも！」と問題を発展させやすくなります。この授業では，「だったら，ひき算，かけ算，わり算も同じようにできるかもしれない」と考える子どもが出てきました（板書写真参照）。

037

発問

困った気持ちを引き出す

5年「単位量あたりの大きさ」

困った気持ちを引き出すことは，ずれを意識させることにつながります。ずれには，理解している既習事項と新たに考えている内容のずれ，自分の考えと友だちの考えのずれなどがあります。

困った気持ちに焦点を当てることで，子ども自身がずれを意識するようになります。「えっ!?」といったつぶやきや，「う～ん」というような表情に対して，「困ったことがあるの？」と聞いてみるとよいでしょう。自力解決の前には，既習事項との違いを意識させることで，子どもから問いを引き出すことができます。「困った気持ちがわかるかな？」と共感を求めることで，他の子どもたちが何に困っているかを想像したり，難しさを前提に説明したりできるようになっていきます。

5年「単位量あたりの大きさ」の，仕事の速さを求める問題です。二量の数値でわり算したときの商の意味を考えました。

22秒で12人が通る自動改札があります。この自動改札と，60秒で20人が通った昔の駅員さんの切符切りでは，どちらが速いですか。

C１　22÷12＝1.83

C２

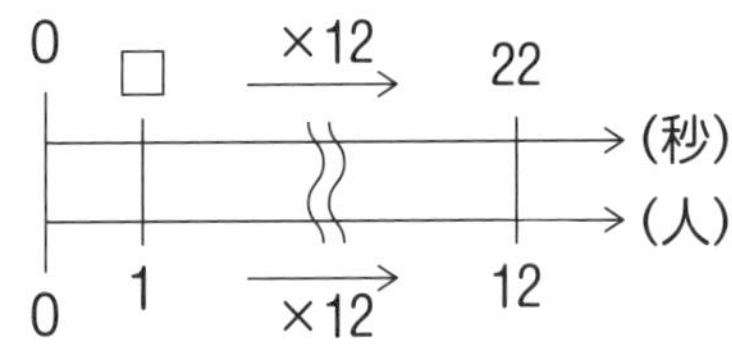

1.83は，１人あたりの秒数を表しています。

T　数直線を見るとわかるね。まだ困ってそうな表情をしている子がいるね。

C３　私は，12÷22＝0.54と考えたんですが，0.54が何を表しているのかわかりません。

T　Ｃ３さんの困った気持ち，わかるかな？

C４　たしかに，0.54ってわかりにくい。

C５　数直線を逆にするとわかると思います。

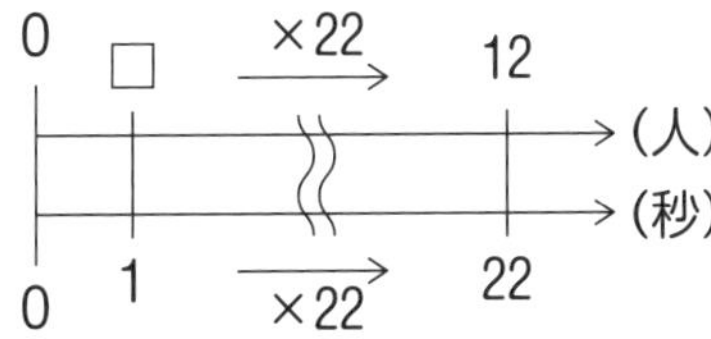

C６　１秒あたりの人数だから0.54人通ったってことか。

困った気持ちを問い，引き出すことで，その子の困り具合に寄り添った解決方法や説明ができるようになります。

038

発問

子どもが難しいと感じることを全体に問う

5年「割合」

授業の中で子どもが難しさを感じる場面はたくさんあります。子どもが難しさを感じて困っていたら，「どうして難しいと感じるのかな？」と全体に問うことで課題を焦点化することができます。

問題解決の場面において，解決の糸口が見つからずに動き出せなかったり，わからずに困っていたりする子どもがいます。そのような子どもの存在に気づいたとき，どのような対応をするとよいのでしょうか。困っていることをその子自身に聞いてもわかりません。ヒントカードを示したり，個別に支援したりすることも考えられますが，これを続けるといつまで経っても子どもは自分１人の力では解決できません。子どもが困っていることを明確にし，解決のためには何が必要かを考える時間が大切です。だれか１人でも困っている子どもがいたら「どうして難しいと感じるのかな？」と全体に問うことで，課題を焦点化し，解決への糸口を探ることにつなげることができます。子どもが困った瞬間こそ課題を焦点化するチャンスです。

5年「割合」の授業で説明します。

一番シュートがうまいのはだれでしょう。

	A	B	C
入った回数（回）	6	3	5
投げた回数（回）	10	5	8

上のような，バスケットボールのフリースローのうまさを比べる問題で，どのように比べればよいか困っている子どもがいました。

C　え～，これでは比べにくいよ…。
T　どうして比べにくいと感じたのかな？
C　投げた回数がそろっていないからだよ。
C　投げた回数がそろっていればいいのにな。
C　だったら，投げた回数をそろえればいいよ！

このように，困っている子どもの存在に気づき，その子が困っている原因を全体で立ち止まって考えることで，課題が焦点化されます。この授業であれば，「どうして比べにくいと感じたのかな？」という発問で課題を焦点化しています。そして，このことについて全体で話し合っていると「比べるためにはそろえるといい」といった解決の糸口が見えてきます。

039

発問

友だちの発言の意味を問う

2年「かけ算(2)」

ともに学ぶ友だちの発言には多くの価値があります。その発言の意味を考えることで，新たな考え方に気づいたり，学習内容の理解につながったりします。

授業中の子どもの発言は実に多様です。教師は多様な考え方に感心させられることがよくありますが，教師にはその発言の価値がわかっても，まわりの子どもには伝わっていないことがあります。

そこで「○○さんはどうして…と言っているのかな？」「○○さんが言いたいことはどういうこと？」と問うことで，仲間の発言の意味を全体で考えられるようにします。子どもは，聞き取った発言から自分なりにその意味を考えることで，学習内容の理解につなげることができます。また，このような発問によって，子どもは他者の考えの視点を理解しようとするため，共感力を育み，聞く力を伸ばすこともできます。

2年「かけ算(2)」の授業で説明します。

12×３の計算の仕方を考えましょう。

12×３の計算の仕方を考えていると，下のように，たし算を使って考える子どもがいました。

12＋12＋12＝36

この式を見て，１人の子どもが「だったら，３でもできる！」と発言しました。

T　○○さんが言いたいことは，どういうことかな？
C　３をたしていくってこと？
C　３でも12のときと同じようにできるの？
C　３を12回たすと確かに36になるね。
C　かけ算だと３×12だね。

このように，子どもの「３でもできる！」といった発言の意味を全体で考えたことで，たし算を使って12×３が３×12と同じことを見いだしました。さらに，以下のように６×６や９×４の式に変形して既習のかけ算九九を活用し，九九の範囲を超えるかけ算の計算の仕方を考えることができました。

３＋３＋３＋３＋３＋３＋３＋３＋３＋３＋３＋３＝36

⬇

６＋６＋６＋６＋６＋６＝36

９＋９＋９＋９＝36

040

発問

感覚的に捉えていることを言語化させる

5年「正多角形と円周の長さ」

「立場を問う」+「言語化させる」で，子どもの中ではっきりしていることとモヤモヤしていることを明らかにします。

子どもの中ではっきりわかっていることとわからなくてモヤモヤしていることを明らかにするのに有効なのが，「立場を問う」+「言語化させる（ペアトーク）」です。

子どもに選択肢を与える問い方をすることで，どの子も挙手しやすくなります。こういった機会を意図的に設けることで，子どもたちの授業への参加度は上がります。

そして，その際セットで行うのが，考えや理由をペアで言語化することです。感覚的に捉えていることを言語化することで，自分の中ではっきりしていることやモヤモヤしていることが明らかになります。このとき大切にしたいのは，全員がうまく話せなくても構わないということです。

ペアトークの後は，モヤモヤしている内容やモヤモヤした気持ちを話題にして，全員で解明していきます。

5年「正多角形と円周の長さ」の授業で説明します。

円のまわりの長さはどのくらいかな。

T　少なくともこれよりは大きいとか，これよりは小さいと言える図形はあるかな？　円を横にスライドさせていくから，円のまわりの長さとしてふさわしいと思ったところで手をあげてね。

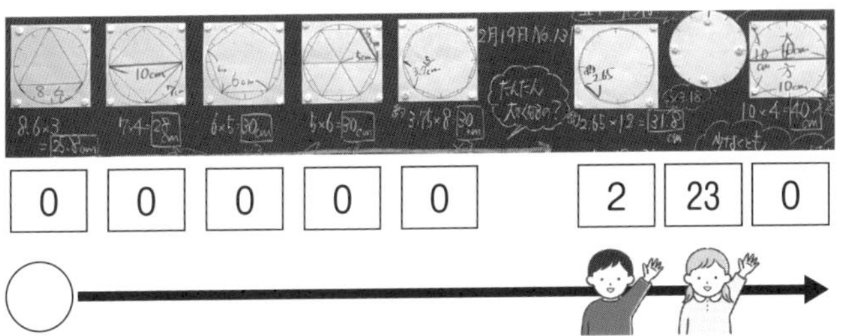

正十二角形で手をあげたのが２人，正十二角形と大正方（円に外接する正方形）の間で手をあげたのが23人でした。ほとんどの子が感覚的に大きさを理解しています。

T　どうしてそこで手をあげたのかな？　お隣さんと理由を話し合ってみましょう。

C　大正方よりは小さくなると思う。正方形の中に入っているから円の方がまわりの長さは短くなるはず。

C　そうだね。正十二角形より円の方が外側にあるから，きっと円の方がまわりの長さは長いと思う。

C　でも，内側にあると本当に短くなるのかな？

T　「内側にあると本当に短くなるのか」というハテナが生まれましたね。みんなで考えてみよう。

041

発問

練習問題に取り組むとき，学びが生きる言葉をかける

1年「ひきざん」

教科書には1時間や単元の最後に取り組む練習問題が載っています。この練習問題に取り組ませる際に，「今日学習したことや考え方が使えるか試してみよう」と投げかけることで，子どもの練習問題に対する意識が変わります。

教科書に載っている練習問題をどのように扱うかは教師の意識によって様々です。教師が鍛錬，習熟を目的にするのであれば，数をこなすことが優先されます。計算技能が身についていくことが期待できるでしょう。しかし，計算技能を高めるだけでは不十分です。子どもたちは1時間または1単元を通して，新たな知識や考え方，学び方を身につけています。これら習得してきたことを，練習問題にある別の場面でも活用できるようにすることが，生きて働く力を育むことにつながります。

そこで，練習問題に取り組む際に，「今日学習したことや考え方が使えるか試してみよう」と投げかけます。そうすることで，子どもは，学習で得た知識，技能，考え方，学び方などが活用できるか考えて取り組むようになります。

1年「ひきざん」の授業で説明します。

「12－9の計算の仕方を考えましょう」

繰り下がりのあるひき算の計算の仕方を考える際に，12－9の計算の仕方をブロックや図などを使って考えました。ここで扱う方法は，「12を10と2に分ける。10から9をひく。1と2をたして3になる」といった減加法と呼ばれる考え方です。減加法を学んだ後，以下のように教科書に載っている練習問題に取り組ませました。

13－8	16－9	14－8
11－9	13－7	15－8

T　今日学習した考え方が使えるか試してみよう！

C　ブロックを使って同じように考えてみよう。

C　図でも同じようにできるかやってみようかな。

C　ひく数が7，8，9ばかりだから，10のまとまりからひいて後でたすと簡単に計算できるね！

C　ひく数を変えてやってみるとどうなのかな…？

12－9という問題は，あくまでも数多くあるひき算の中の1つの式ですから，この問題を扱うだけでは，繰り下がりのあるひき算を理解させるには不十分です。教師が，練習問題を，学習で得た知識，技能，考え方，学び方などの活用の場であると意識すると，子どもも活用可能か考えて取り組むだけでなく，共通点を見いだしたり，発展させて考えたりするようになります。

042

発問

何がわからないのかに焦点化する

6年「分数のわり算」

子どもたちが「わからない」と言うとき，大切なのは何がわからないのかをはっきりさせることです。板書を使いながら，何が（どこが）わからないのかを明確にしていくことで，問題解決の道筋が見えてきます。

問題の解決の仕方が思いつかないときや友だちの説明が理解できないとき，子どもが「わからない」と言うことがあります。しかし，多くの場合，その問題や説明のすべてがわからないわけではありません。子どもたちがわからないのはその中の一部分であり，大切なのは何がわからないのかをはっきりさせることです。その問題や説明の何に困っているのかが明らかになれば，それを解決するための方法を考えることができます。

そこで，板書を用いて，対話しながら何が（どこが）わからないのかに焦点化していくことで，子どもたちは問題の構造を読み取り，自力で問題を解決していくための見通しをもつことができます。

6年「分数のわり算」で，はじめて分数÷分数の計算の仕方を考える場面です。

分数÷分数の計算の仕方を編み出そう。

T　式は立てられたけれど，計算の仕方を考えられそう？

C　全然わからない。

T　そうかぁ。みんなはこの式の中のどこに困ってる？　指さしてみて。

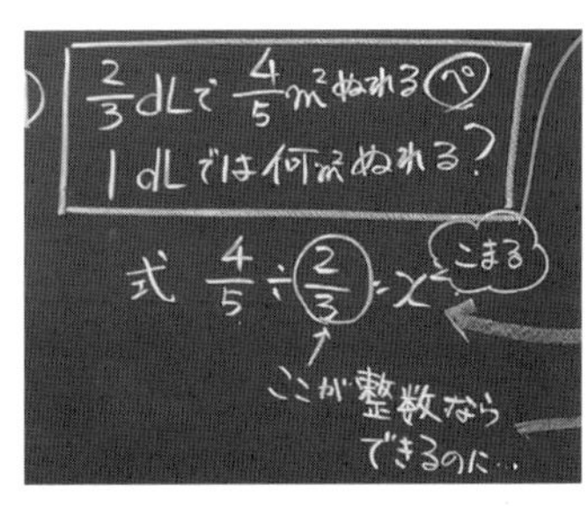

C　（指さす）

T　$\frac{2}{3}$をさしている人が一番多いね。どうして？

C　これまでみたいにそこが整数だったらできるのに，今回は分数になっているから…。

T　なるほど，わる数を分数から整数にすることができれば計算できるってことだね。そんな方法あるかなぁ。

C　あっ，なんとかなるかも！

T　じゃあまずは，「わる数を整数にする方法」を探してみよう。

どこがわからないのかに焦点化していくことで，「何を考えればよいのか」という道筋が見えてきました。子どもの実態を見ながら，子どもたちが自分で動き出せるところまで考える範囲を絞っていくことが大切です。

043

発問

ハンドサインで自分の立場を表現させる

6年「対称な図形」

クラスの子どもたち一人ひとりが今何に困り，何をしたいと考えているのかをハンドサインで表現させます。自分で意思決定し，自己表現を行うことは，子どもたちの主体性を高め，授業への参加度を高めることにもつながります。

一斉授業では，たくさんの子どもたちが同時に問題解決を行うため，考える速度や内容理解，課題意識に自然と差が生まれます。そこで教師には，授業中子どもたちが「何に困っているのか」「友だちの説明を理解できているか」等の状況を把握するための手立てが必要になります。

また，学級には自分の考えを言葉で表現するのが苦手な子どももいるので，全員に自分の立場を表現させるのであれば，挙手や動作を用いることが効果的です。

6年「対称な図形」の学習場面を例に，ハンドサインを用いて全員が自分の考えを表現しながら学習を展開させていく様子を紹介します。

（三角形から正八角形まで，様々な図形を示して）
対称の軸が４本あるのはどの図形でしょう。

C　正八角形！
C　えっ，８本でしょ？
T　意見が分かれたね。ではちょっと聞いてみようか。
正八角形の対称の軸は「４本だ」と思う人はグー，「８本だ」と思う人はパー，「確かめる時間がほしい」という人はチョキを出してください。せーの！
C　（グーが２割，パーが３割，チョキが５割）
T　意見が分かれたね。確かめてみたい人が多いから，時間を取ろう。みんな何分ほしいか指で出してみて。なるほど，３分の人が多いかな…

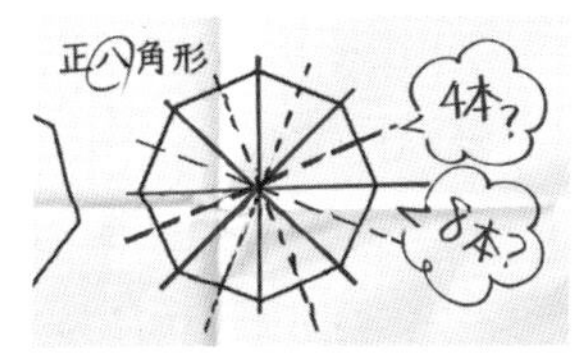

ハンドサインでやりとりすることで，教師は「学級のどのくらいの割合の子どもが，今何を考えているのか」を端的に把握し，その実態に応じて展開を変えていくことができます。また，子どもたち一人ひとりが自分の立場を判断・表現し，細かく自己決定を行いながら授業を展開していくことは，子どもの参加意欲も高め，自分の問題解決の過程を意識していくことにつながるでしょう。

044

板書・ノート指導

数学的な見方・考え方を黒板に残す

3年「分数」

問題解決の際に働かせた数学的な見方・考え方を黒板に残すことによって，算数という教科の特質に応じた「学び方」を学ばせます。

数学的な見方は「問題解決をするための着眼点」，数学的な考え方は「これまでの学習で働かせた数学的な見方の共通点を見つけ（統合的考察），共通点を基に問題を発展（発展的考察）させる思考方法」と考えるとわかりやすいでしょう（数学的な見方・考え方の詳細は，『学習指導要領解説　算数編』（文部科学省，2017）を参照)。

数学的な見方・考え方は，算数という教科の特質に応じた「学び方」を支えるものです。算数は，数学的な見方・考え方を働かせることで，自ら新しい知識を発見する学習です。例えば，$\frac{2}{10}+\frac{3}{10}$であれば，「$\frac{1}{10}$を1とする」という数学的な見方を働かせることで，「だったら，他の計算でも同じようにできるかもしれない！」と自ら問題を発展させていくのです。

こうした数学的な見方・考え方を黒板に残すことによって，算数の「学び方」を学ばせていきます。

3年「分数」の授業で説明します。

> $\frac{2}{10}$ Lと$\frac{3}{10}$ Lのジュースをあわせると何L？

C　$\frac{2}{10}+\frac{3}{10}$は，$\frac{1}{10}$を1とすると，2＋3＝5で$\frac{1}{10}$が5個だから，$\frac{5}{10}$になります。これは，小数のときに0.1を1として考えたことと同じです。

T　どうして$\frac{1}{10}$や0.1を1としようと思ったの？

C　「～を1とする」と考えれば整数にできるからです。

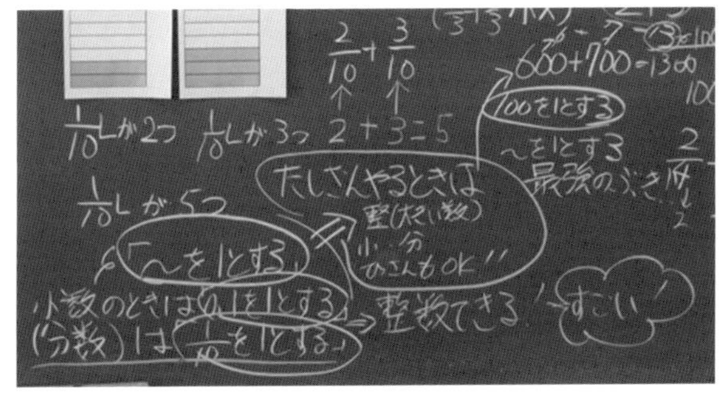

C　だったら，分数のひき算やかけ算でも同じようにできるかもしれないから，やってみたい！

C　でも，分母が違ったらできないかもしれないよ。

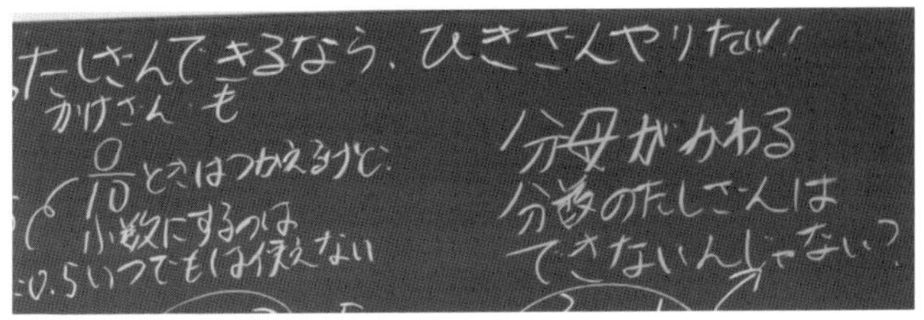

045

板書・ノート指導

子どもの感覚的な言葉を板書する

5年「単位量あたりの大きさ」

子どもが使う感覚的な言葉をそのまま板書します。そうすることで，子どもたちはその言葉の意味を考え，結果的に学習内容の理解につながります。

子どもの発言を聞いていると，感覚的な言葉を使っている場合が多いことに気づきます。例えば，分数の学習の際に$\frac{1}{4}$を「半分の半分」と表現したり，点対称な図形の学習の際に図形を180°回転させる動作を「ぐるっと」と表現したりします。このような子どもが使う感覚的な言葉をそのまま板書することによって，その意味が徐々に算数的な表現へと変わっていくのです。

問題に対する自分の考えをもつことができても，正確な言葉や算数的表現を用いて伝えることに難しさを感じている子どもは多くいます。教師が正確な言葉や算数的表現を用いるように指導すると，子どもはますます難しさを感じます。しかし，感覚的な言葉でよいのであれば，思いのまま発言できます。感覚的な言葉と算数的表現は表裏一体です。感覚的な言葉をベースに算数的表現へと高めていくために，そのまま板書に残していくことが大切です。

５年「単位量あたりの大きさ（混み具合）」の授業で説明します。

> どの部屋が混んでいるでしょうか。

３つの部屋を提示し，部屋の混み具合について話し合っていました。下の写真は，部屋の隅に人が集まっている状況を１m²あたりの部屋に均等に分けようというアイデアについて説明している場面です。１人の子どもの感覚的な言葉が，わり算の式表現へと変わっていきました。

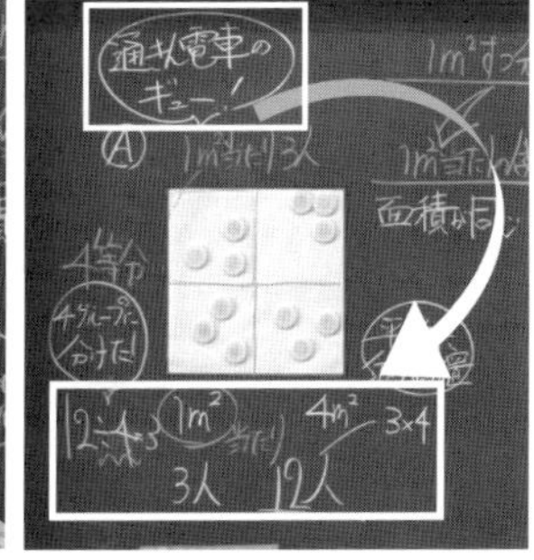

C　通勤電車みたいにギューって感じだったら，混んでいる車両と混んでいない車両に分かれちゃうと，結局この電車は混んでいるのかわからないよね？　だから，どの車両も同じ人数になるように分けるみたいな感じです。

C　部屋の12人を４つの１m²に分けるんだね。

C　12÷４＝３で１m²に３人ずつになるよ。

046

板書・ノート指導

画用紙に書いて，自然に整理を促す

4年「わり算の筆算(1)」

黒板に直接書かず，画用紙や短冊に書いて貼ると，後で並べ替えができます。拡散させてから整理したり，規則性を見いださせたりしたいときに有効です。

規則的に並べ替えたり，分類・整理したりして何かを発見させたいときには，式や図，考えなどを意図的に画用紙に書きます。教師から並べ替えようと言わず，あえて乱雑に貼るとよいでしょう。すると，子どもは自然と整理したくなります。また，「整理するとよいことがありそうだ」という期待感は大切です。子どもたちは変化のきまりを見つけるのが大好きです。子どもが見つけたきまりに，教師は「本当？」「たまたまじゃない？」と返したり，はじめて気づいたような態度で「本当だ！」と返してあげるとよいでしょう。

4年「わり算の筆算(1)」の授業で説明します。

4）□３２　□にどんな数を入れるとわりきれる？

T　絶対にわりきれるという数は何？

C1　4と8はわりきれそうだね。

C2　2や6でもよさそうじゃない？

C3　7とか無理そう。

T　できた数は教えてね。画用紙に書いていきます。

C4　7もできたよ！　もしかして全部わりきれる…？

T　（子どもが言った順に筆算を貼る）

C5　先生，並べ替えてもいい？

T　どうしてそうしたいの？

C5　1，2，3，4…って並べた方がきれいだから。

C6　並べ替えると…，答えが3と8で交代交代だ。

T　えっ，どこどこ？　それってたまたまじゃないの？

C8　他にも見つけた！　商が25ずつ増えてるよ。

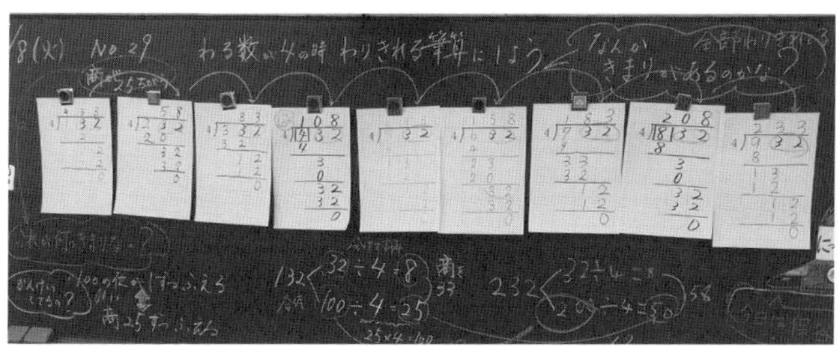

数の範囲を広げてもきまりが成り立つのか確かめたいと，類推的に考え進める姿勢を価値づけていくとよいでしょう。続けていくと，教師が画用紙に書くだけで，子どもは「並べ替えられるのかな」という構えをもつようになってくるでしょう。

047

板書・ノート指導

考えのつながりを矢印で可視化する

4年「わり算の筆算(1)」

子どもの考えと考えを矢印でつなぐことで，視覚的に学びのつながりを感じられるようにします。考えをつなぐのは子どもたちです。教師は子どもの気づきを見取って矢印で板書します。

算数では，主に図・言葉・数（式）の3つを関連づけて理解するとよいと言われています。「関連づける」ことを視覚的に表すときに用いるのが矢印です。

授業中の子どもたちの発言やつぶやきは，都合よく筋道立てて出てくるものではありません。あっちに行ったりこっちに行ったり…と，右往左往しながら授業は展開されていきます。その中にポイントとなる発言やつぶやきがあり，それらを関連づけることで，子どもたちの理解が深まったり，考えが広がったりしていきます。

板書には，子どもの学びの足跡を残し，学級全体の気づきを促進する役割があります。

4年「わり算の筆算(1)」の授業で説明します。

筆算（数）と図を関連づけて理解しようと試みている場

面です。

筆算の仕組みを，子どもが図を用いて説明しています。

「100が２個分（200）を10が20個分に分解して…」

と説明をしながら，筆算のどの部分を表した図なのかを矢印でつないでいます。

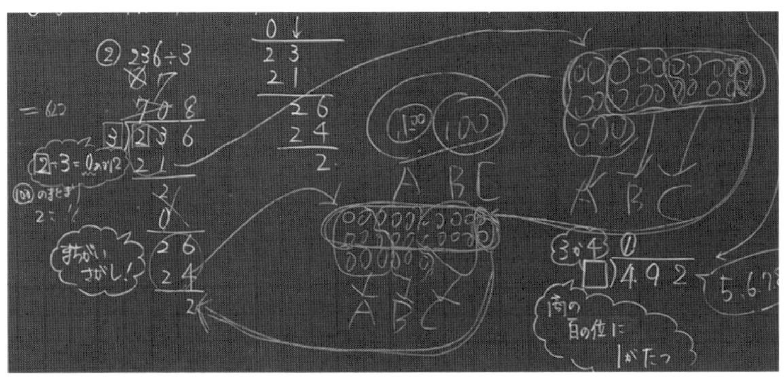

このように，矢印でつないでいるのと，そうでないのとでは，板書の見え方に大きな差が生まれます。説明しているときはもちろんのこと，少し後で見返したときにも，どのような学びだったのかを理解しやすくなります。

板書をするうえで大切なことは，「美しさ」ではなく，その場にいる子ども一人ひとりが「学びの内容や過程を共有できているか」どうかです。完成形としての板書は，美しくなくてよいのです。「SNS でバズる板書（見栄えがよい板書）」＝「子どもにとってよい板書」とは限らないのです。

048

板書・ノート指導

授業の活動や流れに応じて板書の構成を変える

5年「分数と小数，整数の関係」など

学習活動や授業の流れに合わせて，板書構成を分割したり，中心から横に広がっていく板書にしたりと工夫します。

よくある算数授業の流れは，以下の通りです。

①全員がわかる・できる場面

②子どもの考えが分かれ，全員で追究する場面

③わかったことを基に活用する場面

この3つの場面に合わせて，黒板も3分割するイメージをもって授業を行います。

5年「分数と小数，整数の関係」の授業で説明します。

①の場面で，整数（既習）の10倍，100倍，1000倍を扱います。そのときの考え方を②の場面の小数でも適用しようとするとうまくいかず，追究の必要性が出てきます。最後に③の場面では，「$\frac{1}{10}$，$\frac{1}{100}$，$\frac{1}{1000}$の場合はどうか？」と，学んだことを活用して考える問題を提示します。

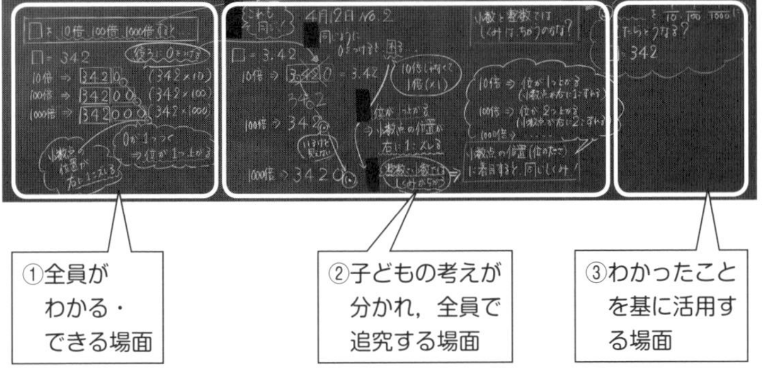

横にワイドに黒板を使った場合，その学習の中心の話題となるものは黒板の中心にもっていくことが多いです。そして，その中心の話題となる活動や図などから出てきた気づきや問いなどを左右に広げていきます。

3年「あまりのあるわり算」で，○を１～３個ずつ交互に取っていき，21個目の○を取った方が負けというゲームがあります。必ず勝つための秘密について，黒板に記録されていくゲームの結果に着目すると，様々な気づきが生まれます。このように授業を展開すると，中心に位置づけた○図から気づきが広がっていく板書になります。

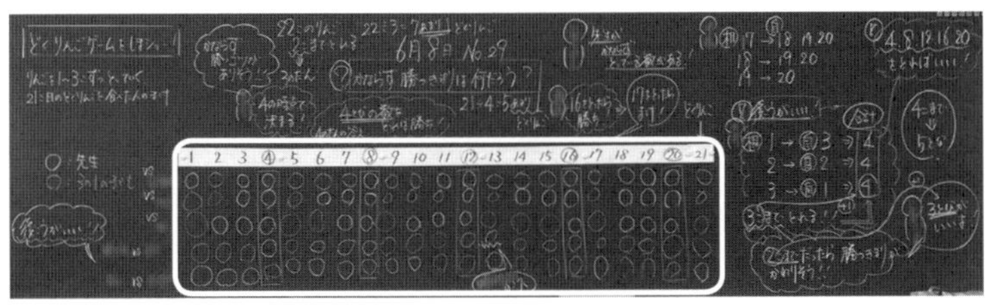

049

板書・ノート指導

子どもが板書する過程を見せる

5年「単位量あたりの大きさ」

発話（音声）だけで説明することが難しい場合や，図をかいて説明した方がわかりやすい場合などには，子どもに板書して説明することを促します。

発話（音声）だけでの説明が難しいと感じたとき，子どもは式や図などを用いて説明しようと動き出します。図などをかく過程が見えることで考えが伝わりやすくなります。はじめのうちは，教師がわからない側の立場に立って意図的に反応し，発話だけの説明では伝わりきらないという状況をつくり出すことも必要となるかもしれません。

5年「単位量あたりの大きさ」の授業で説明します。

> 3 m²に2人と4 m²に3人では，どちらの部屋が混んでいるでしょう。

「3 m²を2人で分けるとはどういうことか？」という話題に対して，「3等分されている部屋を2等分に変えてあげればいい」という発言がありました。このことを説明するために，「（黒板に）図をかいて説明していいですか？」と言ってかいたのが，下の写真の囲んだ部分です。

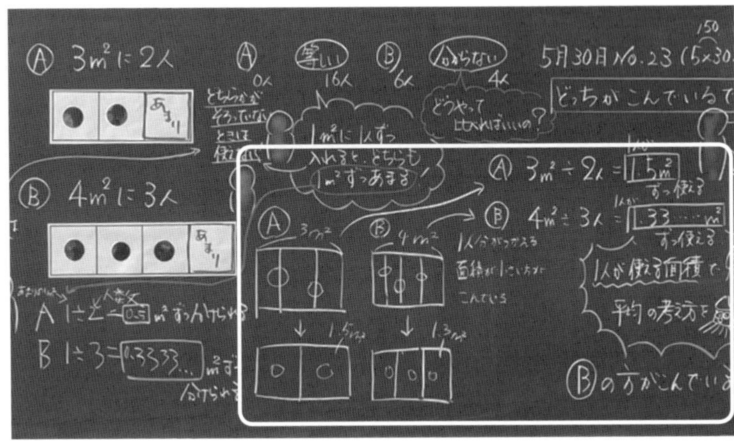

T　3 m²を2人で分けるとはどういうことですか？

C1　3等分されている部屋を2等分に変えてあげればいいんだよ。

C2　「3等分を2等分に変える」ってどういうこと？

C1　図をかいて説明していいですか？
（図をかきながら）Aの部屋はもともと3 m²が1 m²ずつ3等分されていますよね。その部屋をこうやって2等分にすれば，1人が使える面積は1.5m²になるってこと。

C2　あ〜，そういうことか。わかった。

C3　だったら，Bの部屋も4等分の部屋を3等分に変えれば，1人が使える面積を求められるね。

050

板書・ノート指導

子どもが板書する過程を見せない

2年「かけ算(2)」

板書する過程を見せないことで，式や図に含まれる情報を読み取って考える学びを促します。

前項とは異なり，あらかじめ子どもがかいた図や式を提示する場合もあります。子どもが図などをかく過程を見せることで，その子がどのように考えたのかという意図を共有するのが前項の趣旨でしたが，あえて過程を見えないようにすることで，その子がどのように考えたのかということを式や図に表れた情報から読み取る学びを促します。

2年「かけ算(2)」の授業で説明します。

これらの式はどんな図になるでしょう。

●の数が縦と横にきれいに列になっていない場合，どのようにかけ算を使って求めればよいかを考える１時間です。あらかじめ代表の子どもが式だけ書き，他の子どもがその意図を図や言葉で説明したり，代表の子がかいた図の意図を他の子どもが式や言葉で説明したりする活動を行います。

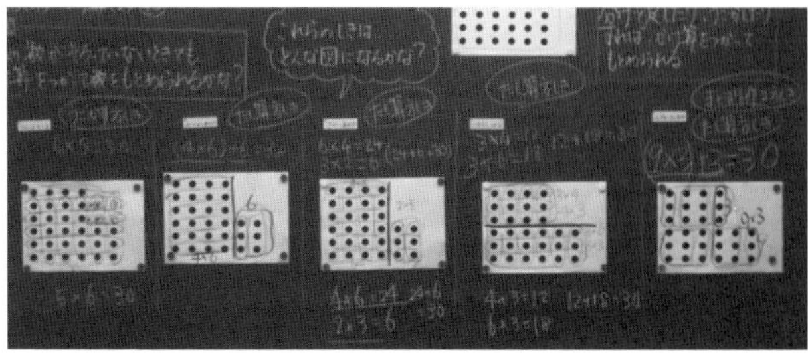

T　6 × 4 ＝24，3 × 2 ＝ 6，24＋ 6 ＝30

○○さんは，どうやって●を数えたのかな？

C 1

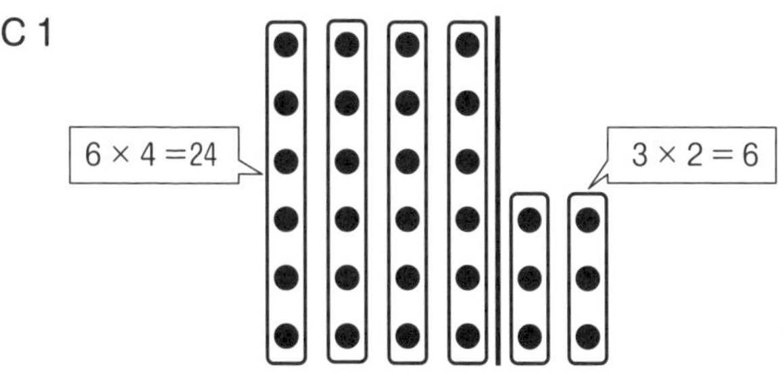

C 2　囲み方を変えると，式も変わるね。

子どもが板書する過程を見せるか見せないかについては，その学習活動で何をねらっているか，つまり子どもにどんな力をつけたいかによって変えるとよいでしょう。

051

板書・ノート指導

子どもの気づきや困りを吹き出しで可視化する

4年「角の大きさ」

子どもの発言やつぶやきを聞き取り，板書します。そうすることで，板書の中にストーリーが見えるようになります。

子どもの声を板書する際，特に大切にしたいことが2つあります。

まずは，単元や算数授業全般で大切にしたい数学的な見方・考え方が子どもから表出されたとき，その気づきを逃さずにキャッチすることです。そのためには，「この単元ではどのような数学的な見方・考え方を子どもが働かせるようにさせたいのか」ということをあらかじめ構想し，子どもの反応や発言を想定しておくことが必要になります。

次に，子どもの困っていることをキャッチして板書することです。「～だったらできる（わかる）のに…」「どうして～何だろう？」「どうやって～すればいいの？」など，子どもが困っているとき，その裏には大切にしたい数学的な見方・考え方が潜んでいることが多いのです。

4年「角の大きさ」の授業で説明します。

180°を超えるとき，「分度器は180°までしか測れない」「分度器が２枚あればいいのに…」といった困りを表出させ，共有しておくことが大切です。「分度器が２枚あれば…」という子どもの思いは，「分ける」という見方・考え方の根底にある発想と言えます。

180°を超える角度をどうやって求める？

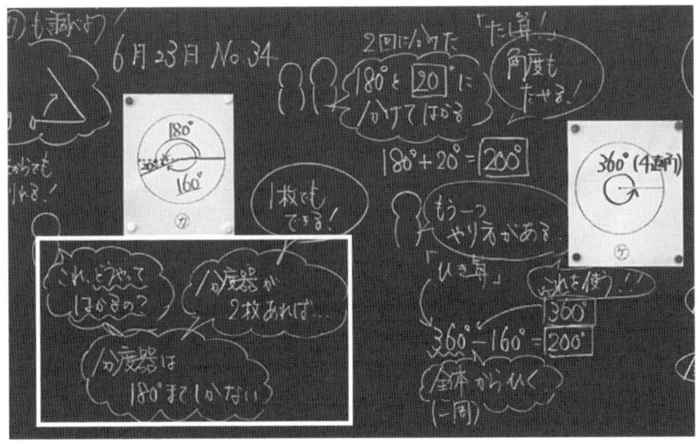

C１　これ（180°を超える角度），どうやって測るの？

C２　分度器が２枚あればいいのに…。

T　　どうして分度器が２枚あればいいって思ったの？

C２　だって分度器は180°までしか測れないでしょ？
　　１枚だと角度が足りない。

C３　１枚でも測ることができるよ！

C４　１枚でも，２回に分けて測れば２枚と同じことができるよ。

052

板書・ノート指導

気づきや内言を書けるようにする

3年「円と球」

友だちの考えに対する自分の気づきをノートに残せるようにしたいものです。自分と友だちの考えを比較する習慣をつくることで，問いを生み出したり，考えを深めたりできるノートになるでしょう。

「○○さんの考え伝わった？　どう思った？」

「何がよいと思ったか，メモしてごらん」

「疑問や気づいたことは？　マークやふきだしを入れるといいよ」

など，友だちの考えに対する自分の考えやその比較を言語化するように指導していくと，徐々に気づきや内言をノートにしっかり書けるようになっていきます。

半径5㎝の円が図のように並んでいます。直線は円の中心を通っています。直線は何㎝でしょう。

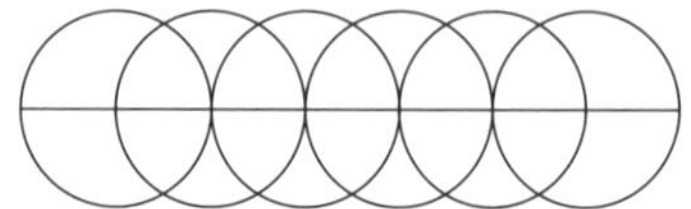

C１（友だち）	５㎝が７こ。
自分①	ぼくは，30㎝になった。
自分②	中心が７こあって半径が５㎝だから７×５＝35。35㎝そういうことか。
?自分③	じゃあ，ぼくはなぜ答えが30㎝になったのだろう。
C２（友だち）	直径10㎝の円が３つで10×３＝30 30＋５＝35
自分④	なっとく（図にC２の考えを記入）

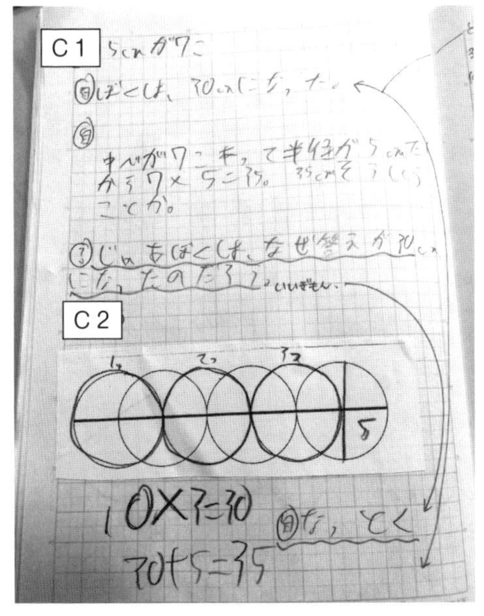

上のような，考えの変容が見えるようなノートを紹介して，学級で紹介して価値づけていきます。

053

板書・ノート指導

友だちの考えを写すのではなく，生かして考えるノートにする

3年「わり算」

黒板にある友だちの考えをノートに書くことは大切です。しかし，友だちの考えを写すだけでは自分で考える力はつきません。教師がどのタイミングで，どのように書けばよいのかを指導しましょう。

中学年になると，友だちの考えをノートに書ける子どもが増えてきますが，自分の考えと友だちの考えを区別して書くよう指導することが大切です。

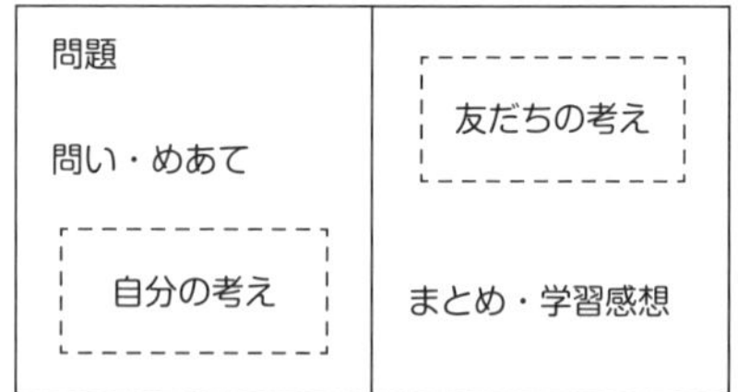

上のように，見開き左ページに自分の考え，右ページに友だちの考えを書くという形式があります。型は子どもが見通しをもてるという点で有効です。

気をつける必要があるのは，友だちの考えが自分の考えに生きているかということです。友だちの考えをただ書くのではなく，生かして考え進められるよう指導します。

3年「わり算」の授業で説明します。

6目盛りで27秒待つ赤信号があります。
この信号8目盛りでは何秒待ちますか。

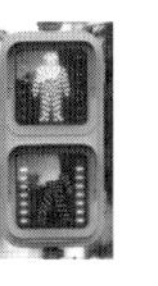

1目盛りの秒数も倍比例でも時間を求められないときに，図で考えて2目盛り9秒を見いだした場面です。

C　6目盛りで27秒ということは，点々のところが2目盛りだから，そこを見てたら2つずつに区切れることがわかったから，27÷3になって…

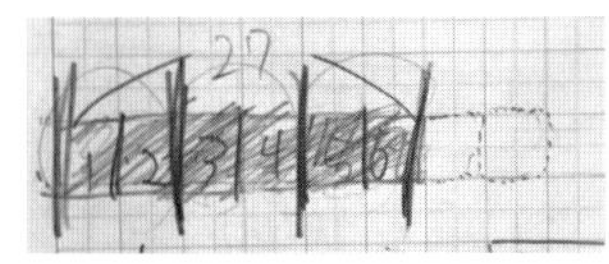

T　ちょっと待ってね。ここまで図はよさそう？「○○さんがこの続きこんな図をかくんじゃないかな？」って予想して先にかいてごらん。

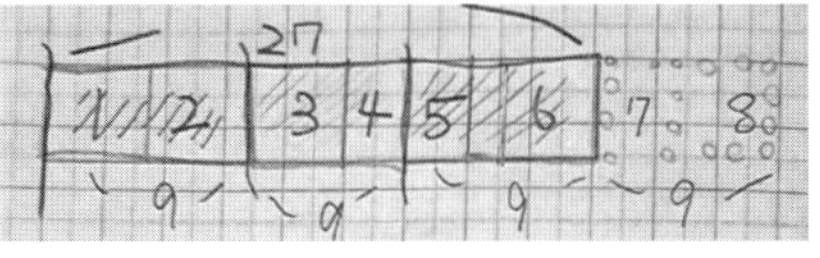

黒板に図をかいて発表しているときなどに，「予想して先にかいてごらん」と投げかけることで自分で考える習慣をつけ，友だちの考えを写すのではなく，生かして考えるノートにしていきます。

054

テスト

採点基準や評定のルールの共通理解を図る

全学年

評価材料の１つであるワークテスト（単元末テスト）。採点の仕方や点数の扱いについて，年度はじめに他教員と意思疎通を図り，共通理解のもとに評価を進めていく必要があります。

評定をつけるために，活動や評価したい観点に合わせて様々な評価資料を用意することと思います。その１つにワークテストがあります。ワークテストは，知識・技能の定着の様子を見取る際に特に効果的です。また，思考力・判断力・表現力を見取るためにテストを自作する方もいますが，ワークテストを使用している学校も多いでしょう。

ワークテストを使用する際には，次のようなことを年度はじめに他教員と確認しておくことが必要です。

①採点の基準（減点のルール）

②評定を出す際のルール

①採点の基準

同じテストなのに，採点者によって点数の扱いが異なるわけにはいきません。式は合っているが計算を間違えているとき，式は誤っているが答えは合っているとき，単位を書き忘れているとき…など，採点に悩むことが必ずあります。よく起こる場合について，以下の例のようなガイドラインを設けておくと，トラブルを未然に防げます。

■式は合っているが，計算を間違えているとき
→式の分の点数は与え，答えの点数を与えない

■式は誤っているが，答えは合っているとき
→点数は与えない

■単位を書き忘れているとき
→点数を１点減点する　など

②評定を出す際のルール

ワークテストのみで評定を出すことはできません。それは，ワークテストだけでは子どもの資質・能力のすべてを見取ることはできないからです。そこで，「知識・技能はテスト結果を参考にしましょう。思考力・判断力・表現力はテスト結果も少し参考にするけれど，ノートへの記述の内容を中心に評価しましょう」といったように，テストの点数の扱いを年度はじめに決めておくことが必要です。

学年の中での共通理解を図るだけでなく，教科主任等の働きかけで校内全体で統一したルールを設けることが，公平な評価をするうえで大切です。

055

テスト

レポートのルーブリックを子どもとつくる

4年「わり算の筆算(1)」

探究したことをレポートとして整理する活動は，思考力・判断力・表現力や主体的に学習に取り組む態度の評価材料の１つになるだけでなく，子どもが自分の学びに向き合う機会にもなります。

ワークテストの文章題だけでは，思考力・判断力・表現力や主体的に学習に取り組む態度を評価することは困難です。そこで，授業で扱った探究的な問題をレポート課題として，子どもたちが自分の学びをまとめる活動を入れます。このとき，先に評価のルーブリックを子どもとつくることが大切です。評価基準を子どもとつくることで，レポートに取り組む際の見通しや，自己調整を促すことにつながります。

「板書」の「画用紙に書いて，自然に整理を促す」（p.112～113）で取り上げた，４年「わり算の筆算(1)」の授業では，４でわりきれる筆算を解決した後，わる数を８に変えたり，わられる数を変えたりして，わりきれる筆算について探究する時間を取りました。その時間の終末です。

□でわりきれる筆算のレポートをつくろう。

T　次の時間は，みんなが探究したことをレポートにする時間にします。A，B，Cの評価をつける基準をつくります。どんなレポートならBの評価をつけますか？

C　字がきれいで読みやすい。

C　それ算数と関係なくない？

T　見やすさも大事にしたいんだよね。それも項目に入れましょうか。

C　考えたことが式や筆算で書いてあるといいです。

C　図も入れた方がよくない？

T　図はどう？　Bでは難しそう？　Aの基準に入れる？

（黒板に書いたものを，後で教師がPCでまとめる）

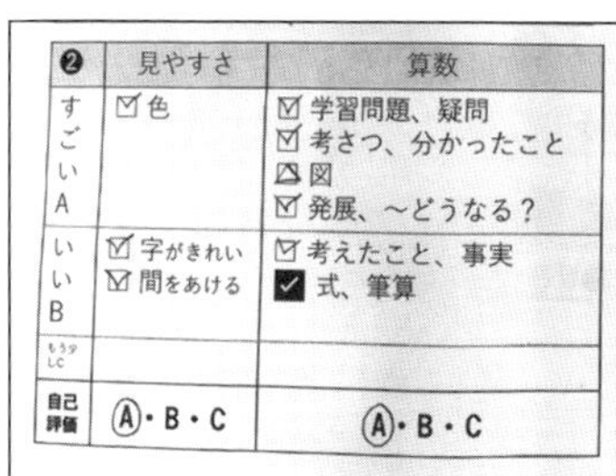

❷	見やすさ	算数
すごいA	☑色	☑学習問題、疑問 ☑考さつ、分かったこと ☑図 ☑発展、～どうなる？
いいB	☑字がきれい ☑間をあける	☑考えたこと、事実 ☑式、筆算
もう少しC		
自己評価	Ⓐ・B・C	Ⓐ・B・C

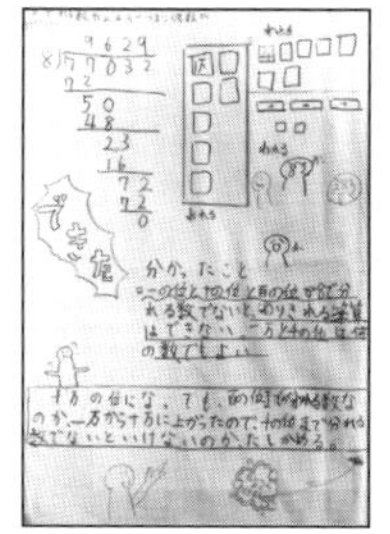

基準を自分たちでつくることで，A評価に近づくように学びを調整する姿が生まれます。一方で，ルーブリックに寄り過ぎ，自由さやAを超えるレポートが生まれにくいことには留意が必要です。

056

テスト

テストの解き直しにタブレットを活用する

5年「直方体や立方体の体積」

子どもに取り組み方を示してテストの解き直しをさせます。その際，タブレット上に提出することで，取り組み方を共有しやすくなります。

テスト直しは，漠然とやらせるのではなく，視点をもたせて行うと効果的です。子どもに直す問題を1問選択させます。間違えた問題や悩んだ問題の中から1問選び分析及び修正を行うという取り組み方です。その後，タブレット上で提出させ，教師がコメントをします。コメントしたものを，他の子にも共有することで，よりよい取り組み方が広まっていきます。

このとき，気をつけなければならないのはプライバシーです。名前は当然伏せた状態で共有しますが，事前に取組の趣旨を説明し，理解を得ておくことが必要です。許可が得られなかった子どもについては，教師への提出は行ってもらいますが，他の子への共有はしないことを約束します。

次ページは，5年「直方体や立方体の体積」のテスト直しの例です。

【テスト直しの取り組み方 Aパターン】

★自学ノートとロイロノートを用いて行う。
①間違えた問題もしくは悩んだ問題の中からもう一度考える１問を決める。
※公式の間違いや計算ミスで間違えた問題は選ばない。
②その問題の写真を撮る。
③テストのときの**自分の考えを振り返り，分析**する。
（A）自分がどのように考えたのか
（B）どこまでは分かっていてどこから分からなかったのか
④本当はどのように考えると良かったか，**考えを修正**する。
⑤数値を変えたり形を変えたりと，似たような問題に取り組む。
※教科書や算数の力を参考にして，自分で考えられるとよい。

【テスト直しの取り組み方 Bパターン】

★自学ノートとロイロノートを用いて行う。
★満点だった人やただの計算ミス，公式の部分のみを間違えた人の取り組み方。
①テストの問題から１問選ぶ。
②その問題の写真を撮る。
③その問題を**発展させるとしたらどんなことができそうか**考える
（例）
・数値を変えてみる（いつでもつカエル）
・形を変えてみる（他の場合だったらどうなのか）
・一部を増やしたり減らしたりしてみる　　　　　など

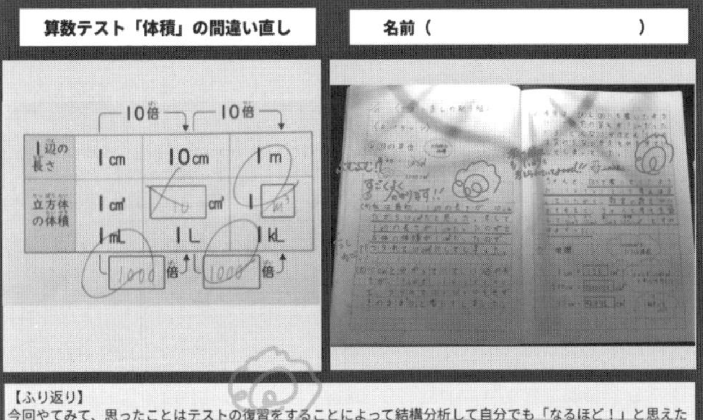

算数テスト「体積」の間違い直し　　名前（　　　　　　　）

【ふり返り】
今回やってみて、思ったことはテストの復習をすることによって結構分析して自分でも「なるほど！」と思えたので、この方法は、塾の問題のとき直しにも生かせると思いました。自分でもやりながらこの時こうゆう考えをしていたことによって間違えたんだな、ということがよくノートにまとめていたのでわかりました。

057

テスト

テストに向けての学び方を振り返らせる

6年「文字と式」

テストが終わった後に結果を分析し，テストに向けての学び方を振り返ります。振り返って得た改善策は，次の単元の学びに生かしていきます。

例えば，テストの点がよくなかったとして，それは何が原因なのでしょう。子どもたちは言います。

「ここの問題をもっとやっておけばよかった」

「もっと一生懸命勉強すればよかった」

一見，子どもたちは自分自身を振り返っているように見えます。しかし，この振り返りでは，次の単元の学習やテストに向けて，学び方を具体的にどう変えたらよいのかが見えません。テストが返ってきたとき，間違えた問題を直すことも大切ですが，それ以上に大切なのは，今回の自分のテストに向けての学び方を振り返り，次につなげることです。

テストの点がよくなかったとしたら，それはテストに向けての学び方がよくなかったわけです。逆に，学び方を変えれば点数も上がると考え，次回への改善案を考える時間を設けてみてはどうでしょう。

6年「文字と式」のテスト返しの時間です。

子どもたちに，テスト直しと一緒に，今回の自分のテストに向けての学び方の振り返りを書くように伝えました。何がよくて，何がよくなかったのか，自分なりに分析し，教師からもアドバイスします。

以下は，子どもたちの振り返りの例です。

（習熟の時間に）１人で学ぶ方法をとったのですが，練習したところはよくできました。反省点は，１人でするとわからないところがそのままになってしまったことです。そこは，友だちや先生にどんどん聞いた方がいいなと思いました。

単位のつけ忘れや，問題の読み間違いが多かった。計算練習ばかりしてたのがよくなかった。もっと文章問題もバランスよくやらないと。

友だちと一緒に勉強したけど，できていませんでした。今度から学び方を変えます。

３つ目の振り返りを書いた子は，具体的な改善案が思い浮かんでいなかったので，教師から選択肢を出しながら一緒に次回の学び方を考えました。次のテスト勉強や習熟の時間には，この振り返りを読み返してから学ぶことで，子どもが自覚的に学び方を変えていくことができます。

058

テスト

オリジナル展開図づくりで空間感覚を見取る

5年「角柱と円柱」

展開図をかくとき，どの面とどの面がつながるのか，どの辺とどの辺がつながるのかを考えます。そのつながる部分を生かしてオリジナル展開図をつくります。

立方体の展開図は11種類，正三角柱の展開図は９種類あります。これは，あくまで面を切らずに立体の辺に沿って切り開いた展開図の種類の数です。しかし，辺に沿って切り開かなければ，様々な展開図をつくることができます。

立体についての感覚を豊かにするためには，展開図をかいて立体を構成する活動が有効です。また，展開図をかくことで辺や面のつながりや位置関係を調べることをできるようにすることが，図形の学習で身につけさせたい資質・能力の１つです。基本的な展開図を学習した後に，こんな発展のさせ方はいかがでしょうか。

５年「角柱と円柱」の授業で説明します。

T　立方体の展開図の学習をしました。この展開図は組み立てたときに立方体になりますか？

C　なります。

T　ではこんな形はどうでしょう？

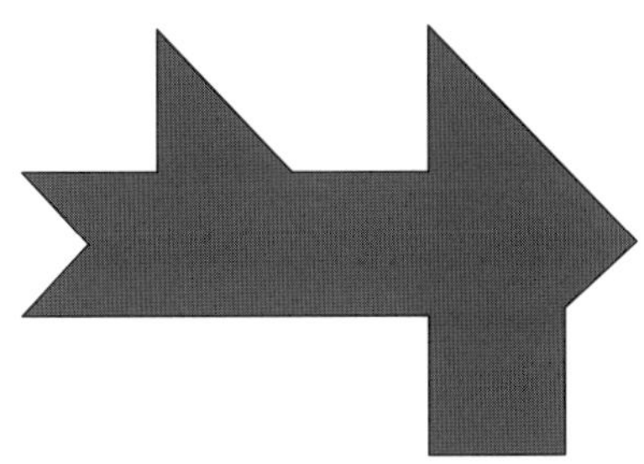

C　えっ!?　見たことないから，ならないと思います…。

C　でも，上側の直角三角形２つが組み立てると正方形になるよ。

C　右の飛び出ているところが左側にはまって，できそうだよ。

T　みんなもつくってみましょう。

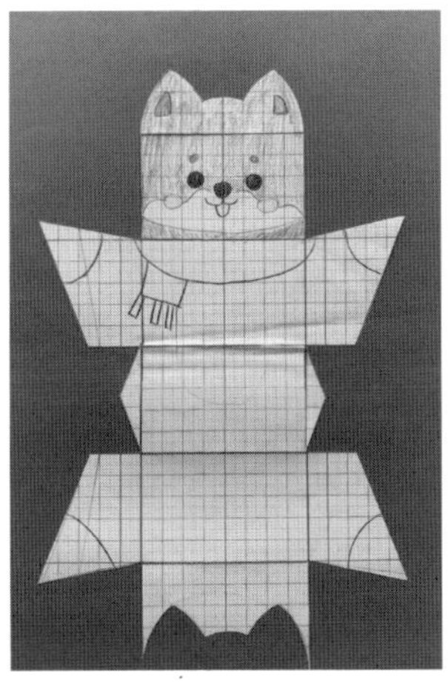

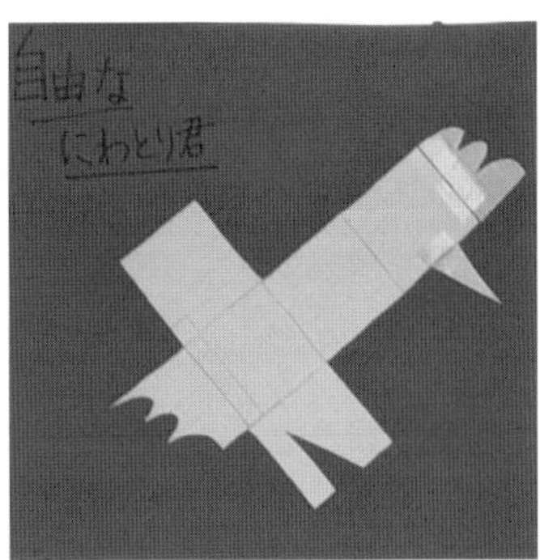

059

テスト

算数アートづくりと展覧会を行う

6年「対称な図形」

展覧会や廊下での作品展示という形で，算数授業で制作した算数アートを出品することで，全校児童はもちろん，保護者や地域の方にも算数の美しさを感じてもらうことができます。

展覧会として図画工作や家庭科でつくった作品を出展することがあります。また，廊下の掲示物・展示物として図画工作の作品などを飾ることで子どもたちや保護者に芸術に親しんでもらうという活動もよく行われています。それらの活動を算数でも行うことで，算数の美しさとおもしろさ，不思議さを楽しんでもらうことができます。また，子どもたちは算数アートづくりを通して，既習事項の理解を深め，さらに思考することになります。図形の学習を中心に様々な場面で算数アートづくりを行うことができます。

6年「対称な図形」の授業で説明します。

画用紙で線対称や点対称のすてきな模様をつくろう。

このように伝え，作品のつくり方を紹介して，各自で算数アートづくりを行いました。

他にも，図形の敷き詰めによる模様づくりや，様々な形をした1㎠の模様づくり，オリジナル展開図や素数を用いた糸掛け曼荼羅などを授業の中で作成し，展示しました。

060

教材・教具

図形の素地を養う—9マスパズル

1年「かたちあそび」

「9マスパズル」とは，同じ大きさの正方形9枚を並べ替えるパズルあそびです。手を動かしながら図形の構成や分解に繰り返し取り組むことで，図形感覚を豊かにします。常時活動としても活用できます。

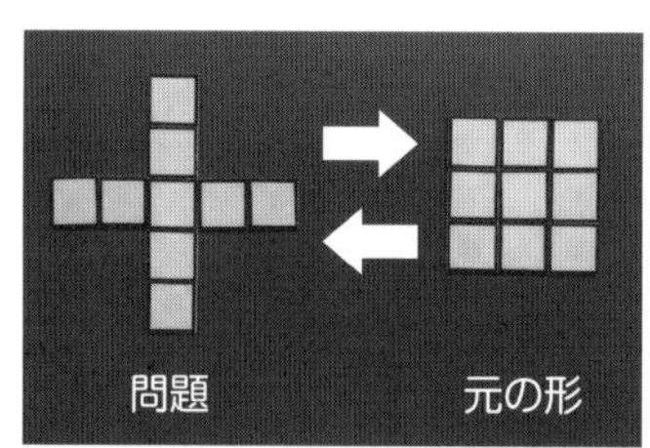

【遊び方】

・9枚の正方形の色板でつくった様々な形を縦3枚×横3枚の整った形（元の形と呼ぶ）に戻したり，そこから教師が提示した形にしたりする。

・できるだけ少ない回数で変形する。なお，辺同士がくっついていれば同時に何マス動かしてもよい。

この経験は，特に4年生以降の面積の学習において，等積変形等，既習の図形を基に考えることにつながります。低学年から図形学習の素地を養うことができる教材です。

1年「かたちあそび」の授業で説明します。

できるだけ少ない回数で，元の形に戻しましょう。

T　何回で元の形に戻せたかな？

C　2回で戻せたよ。

C　上の部分をぐるっと回して1回で戻せたよ！

C　私も1回だけど，違う方法で戻せたよ。「Tをドーン！」ってするとできたよ！

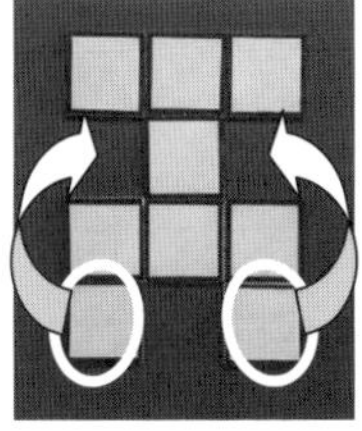

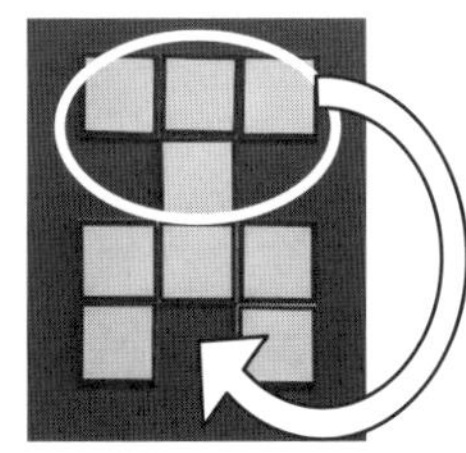

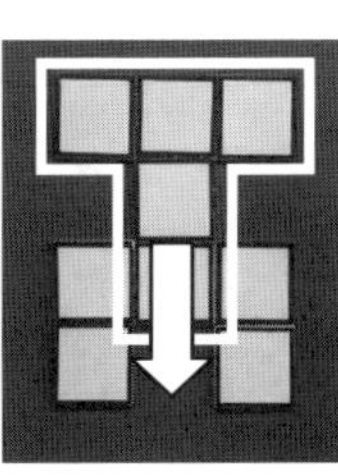

正方形という基本的な形に戻す過程で，図形の動きを子どもらしい言葉で表現しながら伝え合っています。図形をまとまりで捉えたり，向きを変えたりするなど，等積変形の考えをあそびの中ですでに扱っているのです。他にも階段の形など問題は多様に考えることができるので，子どもに考えさせせると，さらに意欲的に取り組みます。

061

教材・教具

学校生活を教材化する①
―給食室の調理スピード

5年「単位量あたりの大きさ」

日常事象から学習問題を見いだす場面で，自分たちの学校生活に関わりの深い実際の事象を扱うことで，子どもが数学的活動のサイクルを回し始めます。

身近な題材を扱うメリットはいくつもあります。日常生活における問題を算数を使って解決することで，子どもは算数の価値を再認識することができます。また，自分たちの生活に関わる問題を算数で解決できるということを感得することにも価値があります。そして身近な題材だからこそ「自分事」と捉え，主体的に学びやすくなります。

5年「単位量あたりの大きさ」の授業で説明します。

事前に栄養士に協力を要請し，給食の調理の様子を動画で撮影してもらいます。授業のはじめにその動画を子どもたちに見せました。

C　肉じゃがコロッケつくってる！
C　こんなにつくるの速いんだ！
C　１個つくるのに何秒かかるんだろう？

T　どんなことがわかれば，１個つくるのにかかる時間を求められますか？

このように，子どもたちが日常事象から算数の学習問題を見いだしました。実際に作業している様子であるため，１個をつくるのにかかる時間にはばらつきがあり，平均を求める必要性に気づき，問題を解決しました。

C　全校分をつくるのに，どれだけ時間がかかるのかな？
C　コロッケをつくる数とかかる時間が比例すると考えれば，計算で求められそうだ。

子どもたちの生活に関わり深い題材だからこそ，上のように問いが連続していきました。本学習を通して，子どもたちは調理室の苦労や工夫を知ることにもなりました。そして学習の様子をポスターにまとめ，調理室の前に掲示したことで，学びを全校に広げました。

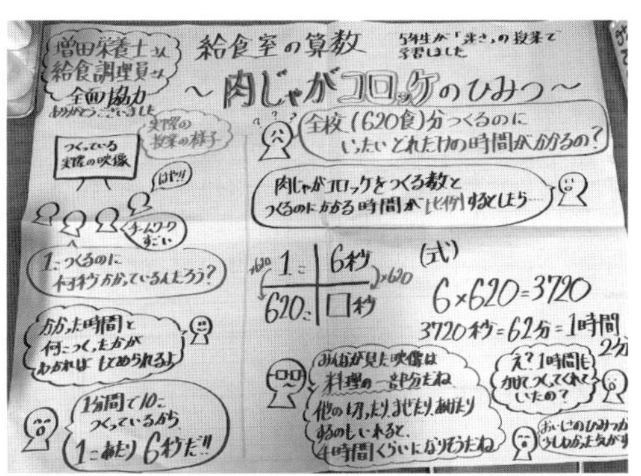

062

教材・教具

学校生活を教材化する②
—保健室の来室記録

4年「折れ線グラフと表」

実際に自分たちの学校で起きたけがのデータを用いることで，子どもたちは問題意識をもってどのデータを用いて分析するのかを主体的に考え始めます。

「データの活用」領域の学習では，教科書のデータを用いてデータの読み取り方や考察の仕方を学びます。意図に合わせてつくられたデータのため，特徴が読み取りやすく，考察しやすいというよさがあります。しかし，自分たちの学校の実際のデータを用いることで，子どもが主体的に学習に取り組むようになります。実際に学校の中には子どもたちが問題意識をもつような様々なデータがあります。理科の実験結果，給食，ペットボトルキャップ回収運動，落とし物など様々です。特に保健室には来室した子どもが記録する用紙があり，日々データが集まっています。

4年「折れ線グラフと表」の授業で説明します。

学校でのけがについて分析し，対策を考えよう。

この授業が始まる１か月前に養護教諭と連携を取り，保健室の来室記録の紙を様々な観点からデータが分析できるようにし，子どもが知りたいと言ったデータを提示できるように準備しておきました。

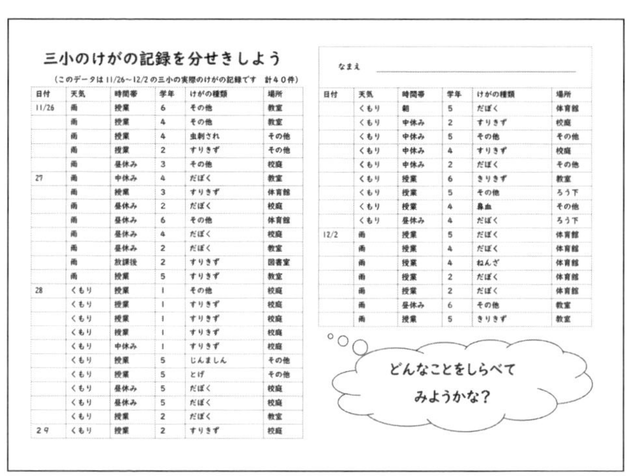

三小のけがの記録を分せきしよう

（このデータは 11/26～12/2 の三小の実際のけがの記録です　計４０件）

日付	天気	時間帯	学年	けがの種類	場所
11/26	雨	授業	6	その他	教室
	雨	授業	4	その他	教室
	雨	授業	4	虫刺され	その他
	雨	授業	2	すりきず	その他
	雨	昼休み	3	その他	校庭
27	雨	中休み	4	だぼく	教室
	雨	授業	3	すりきず	体育館
	雨	昼休み	2	だぼく	校庭
	雨	昼休み	6	その他	体育館
	雨	昼休み	4	だぼく	校庭
	雨	昼休み	2	だぼく	教室
	雨	放課後	2	すりきず	図書室
	雨	授業	5	すりきず	教室
28	くもり	授業	1	その他	校庭
	くもり	授業	1	すりきず	校庭
	くもり	授業	1	すりきず	校庭
	くもり	授業	1	すりきず	校庭
	くもり	中休み	1	すりきず	校庭
	くもり	授業	5	じんましん	その他
	くもり	授業	5	とげ	その他
	くもり	昼休み	5	だぼく	校庭
	くもり	昼休み	5	だぼく	校庭
	くもり	授業	2	だぼく	教室
29	くもり	授業	2	すりきず	校庭

なまえ ＿＿＿＿＿＿＿＿

日付	天気	時間帯	学年	けがの種類	場所
	くもり	朝	5	だぼく	体育館
	くもり	中休み	2	すりきず	校庭
	くもり	中休み	5	その他	その他
	くもり	中休み	4	すりきず	校庭
	くもり	中休み	2	だぼく	その他
	くもり	授業	6	きりきず	教室
	くもり	授業	5	その他	ろう下
	くもり	授業	4	鼻血	その他
	くもり	昼休み	4	だぼく	ろう下
12/2	雨	授業	5	だぼく	体育館
	雨	授業	4	だぼく	体育館
	雨	授業	4	ねんざ	体育館
	雨	授業	2	だぼく	体育館
	雨	授業	2	だぼく	体育館
	雨	昼休み	6	その他	教室
	雨	授業	5	きりきず	教室

どんなことをしらべて
みようかな？

T　みんなの学校のけがについて調べてみようと思います。保健室の記録を見て，どんなことが気になった？

C　どこでどんなけがをするのか。

T　この資料の何のデータに注目すれば，どこでどんなけがが多いのかわかりますか？

C　けがをした場所とけがの種類です。

C　どんな天気のときに，どこでけがが多いか調べたい。

C　学年によってけがの種類に違いがあるのかな？

一人ひとりが分析したワークシートを保健室の前に掲示し，全校に見てもらいました。

063

教材・教具

教室外で算数を活用する―伊能忠敬コンテスト

5年「平均」

教室で学んだことを，教室の外に出て活用することで，進んで算数を生活に活用しようとする態度を育みます。

子どもたちは，算数に限らず，小学校で学習する様々な教科の大半を生活から切り離して捉えています。授業は授業，生活は生活ということです。そんな子どもたちですが，学習したことが生活の場面に活用できることを知ると，それが活用できる場面を進んで探し始めるきっかけになります。

5年「平均」の授業で説明します。

校庭の１周の長さはおよそ何mでしょう。

この問題を提示し，子どもたちに予想を立てさせ，その後，測定方法を話し合いました。

T　どうやって測定すればよいかな？

C　メジャーを使えば測れます。

T　でも，カーブのところもあるね。およその長さでよいので，メジャーを使わないで測るには，何が使えそうですか？

C　身長が使えそう。

C　足の大きさも使えそう。ちょっと大変そうだけどね。

C　歩幅はどうかな？

T　歩幅は１歩ずつ長さが違うと思いますが，歩幅を使って校庭のおよその長さが求められそうですか？

C　歩幅の平均を求めれば使えると思います。

その後，１人ずつ必要だと考える歩数を歩き，その距離を測定し，１歩の歩幅の長さの平均を求めました。そして，校庭に出る前に，伊能忠敬という人物について簡単に紹介し，だれが実際の長さに最も近い長さを予想できるかコンテストを行いました。子どもが実際に歩いて測定した後，測定器を用いて校庭１周の長さを測定しました。

すると，子どもたちから「この方法なら，自分の家から学校までのおよその距離も求められそうだ」という話が出てきました。まさに子どもたち自身が「平均」を活用できる場面を探し始めたのです。

このように，実際に測定することは，算数の学習を日常生活に活用するだけでなく，量感を養うことにもつながります。子どもたちが豊かな量感覚をもち，日常生活を算数の眼鏡で見られるようにしていきたいものです。

064

教材・教具

数の不思議さ美しさを探究する ―九九表

5年「偶数と奇数，倍数と約数」

２年生で学習する九九表。その中にはたくさんの不思議と美しさが隠れています。様々な学年の学習を九九表を題材に行うことで，子どもたちの数表への関心を高め，算数の美しさに興味をもたせます。

２年生でかけ算九九を学習する際に登場する九九表。また，様々な学年で１～100が書かれた数表を用いた学習が教科書に載っています。その学習を九九表で行うとどうなるのでしょうか。数表を九九表に変えるだけで，子どもたちにとって見当もつかない場面をつくり出せます。

５年「偶数と奇数，倍数と約数」の授業で説明します。

九九表を見せずに，九九表の中に何の数の倍数が最も多いかを尋ねました。すると，子どもたちはすぐに「２の倍数」と答えました。その後，少しすると，１の倍数だと気づきました。

九九表の中でどの数の倍数が最も少ないでしょう。

その後，前ページの問題を出しました。すると，多くの子が9の倍数だと予想し，数人は7の倍数だと考えました。しかし，理由を尋ねてもなんとなくということしか返ってきませんでした。

そこで，九九表が印刷されているワークシートを配り，色を塗りながら倍数を調べる活動を行いました。すると，5の倍数と7の倍数が最も少ないことがわかりました。色を塗っているときに，「全部考えなくても一気に色を塗れる」といった発言も聞こえてきました。

T　どうして，九九表の中で5と7の倍数が最も少ないのかな？

C　5と7の段の一直線でしか出てこないね。

C　他の倍数は一直線以外にも出てきていたよ。

C　5と7の倍数は5と7でしかつくれないんだ。

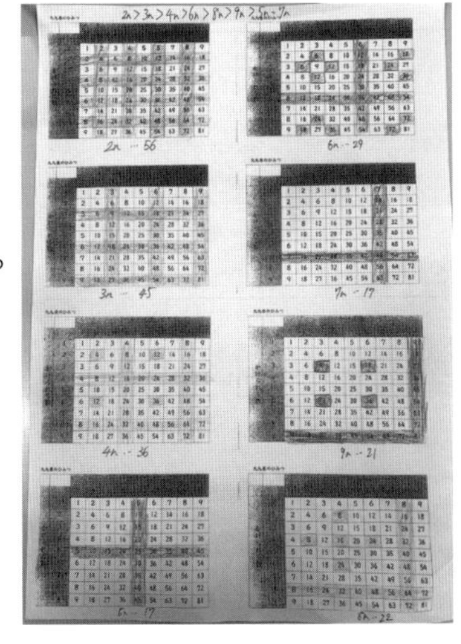

子どもたちが素数の存在に気がついた瞬間でした。

065

教材・教具

数直線図をつくる過程をカードで示す —カード

5年「小数のかけ算」

教科書の数直線図は，二量の比例関係を表した結果の図です。つくり上げる過程をカードで示して，数直線図を立式の根拠や計算の方法の説明で使いこなせるようにしましょう。

問題文を図に表す場面では，数を書いたカードを図に移動させていくと，図ができる過程がよくわかります。また，中・高学年で扱うテープ図や数直線図は，問題の背景に比例関係が内在されたり，仮定されたりしています。図がいったんかきあがった後，二量の対応関係が変わらないことを押さえるとよいでしょう。

5年「小数のかけ算」の授業で説明します。

> 1 mの値段が80円のリボンを2.4m買います。
> 代金はいくらでしょう。□円

T　この問題を数直線図に表していきます。

(問題文中の□(カード) を図に移動させる)

T　2.4mはどこになるかな…?

C　2mと3mの間のこのへんかな…。

T　そうですね。2.4mの代金の上に「いくらでしょう」(□円) を置きます。

T　2mや3mの代金を求める式はわかりますか?

C　80×2=160, 80×3=240です。

T　では, 2.4mを求める式はどうなるでしょう?

C　長さが2.4倍になれば値段も2.4倍になると仮定すれば, 80×2.4だと思います。(数直線のカードを移動して4マス関係表にする)

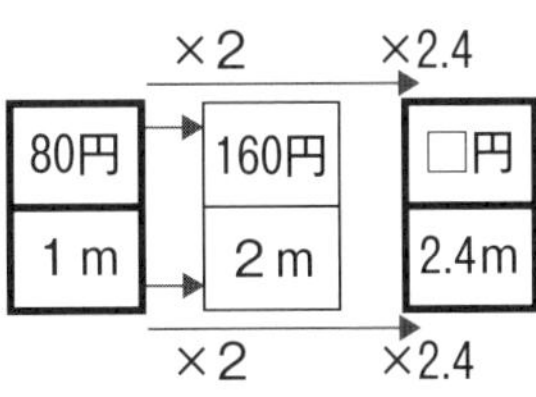

数直線の数値については, 160円 (2m), 240円 (3m) と値段だけを書かず, 80×2, 80×3と式のまま表現するのも有効です。立式を考える際は, 式で表した方が「2.4mなら80×2.4」と類推しやすくなるでしょう。

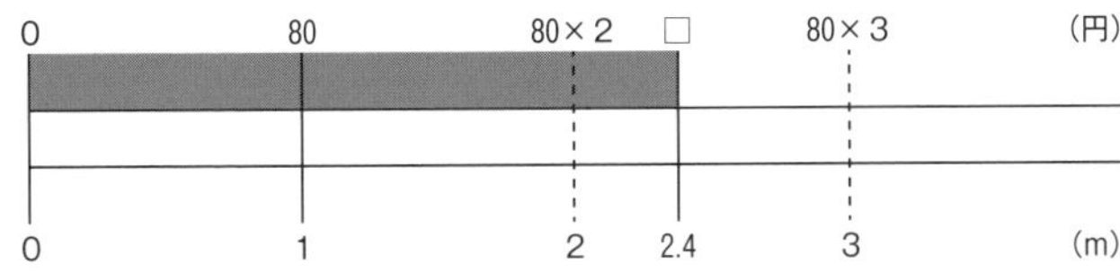

066

教材・教具

習熟を通して数の見方を広げる①
―計算ピラミッド

6年「分数のかけ算」

計算技能を定着し，計算力を養うためには問題をたくさん解くことが必要です。そのため，ただ多くの問題を課すことになりがちです。1つの問題を解く過程でたくさんの計算を行う計算ピラミッドなら，子どもたちは夢中で計算に取り組みます。

かけ算の学習は2年生から始まり，毎学年扱う数の範囲を広げながら進んでいきます。計算技能の定着というと，計算ドリルの問題を繰り返し解く学習方法がありますが，このような反復の学習をあまり好まない子どもは多くいます。またドリル学習は，与えられた数値の処理のみであり，数を様々な見方で捉えることにはなりません。そこで，海外の計算演習で用いられるという計算ピラミッドを応用して，子どもが楽しみながら計算練習を繰り返し，数に対して様々な見方ができるような学習に切り替えました。

三角形の中を3つのマスに区切り，その3つの枠の中に図1のように1つずつ数を入れます。これが問題となります。解くときには隣り合った数の積を，枠の外に書きます

（図２）。

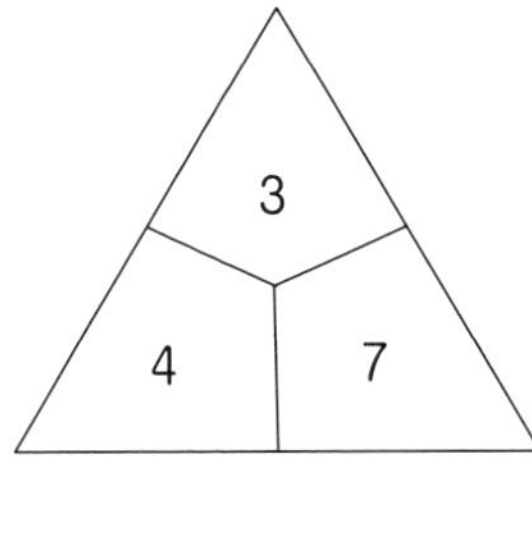

図１

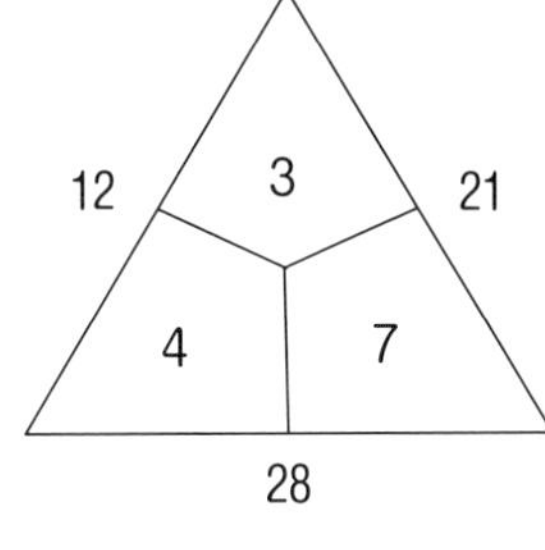

図２

この計算ピラミッドは，枠の外側に計算した結果を書くものですが，はじめに外側に数を書き込み，枠の内側に入る数を考える，という問題にアレンジします（図３）。

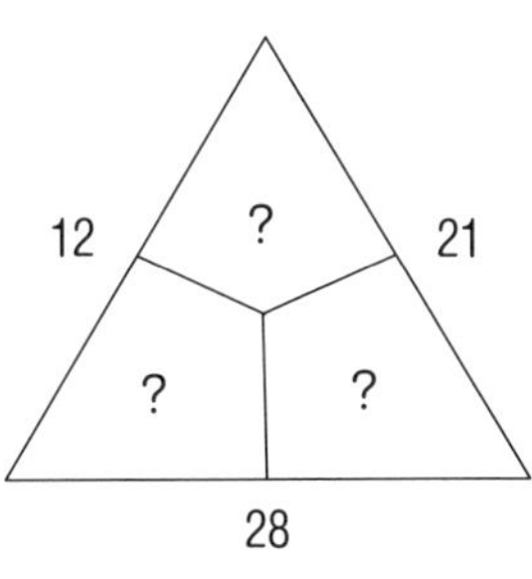

図３

この問題を解こうとすると，12を２数の積と見なくてはいけません。そして，１×12なのか，２×６なのか，３×４なのか…といったように様々な数を枠の中に入れ，他の枠にあてはまる数もつくれるのかを確かめます。その過程でたくさんの計算を行うことになります。出題者側は事前に３つの数を入れ，計算した結果を枠の外側に示すだけです。高学年では小数や分数を入れて行ってみると，また異なった難しさも出てきて，数の見方が広がります。

067

教材・教具

習熟を通して数の見方を広げる②
―正方形の１辺の長さ

５年「小数のかけ算」

同じ数同士をかけて２や３になる数を探します。実際は$\sqrt{2}$や$\sqrt{3}$でしか表せない数になるので答えは出ませんが，いろいろな数を試し，答えに近づいていくことを楽しむ中で計算技能が高まります。

５年「小数のかけ算」の問題です。

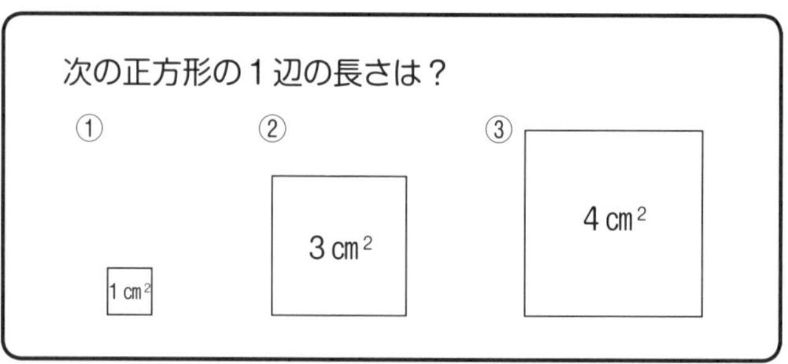

面積だけを示した正方形を提示し，１辺の長さを問います。①は１×１＝１，③は２×２＝４ですが，さて②は…？

子どもたちは，同じ数をかけると３になる数を探していきますが，見つかりません。子どもたちの課題意識は「答えを３ぴったりにすること」から，「どうすれば３にもっと近づけるか」に変わっていきます。

C　1.7×1.7＝2.89。

C　1.72×1.72＝2.9584。やった，新記録！

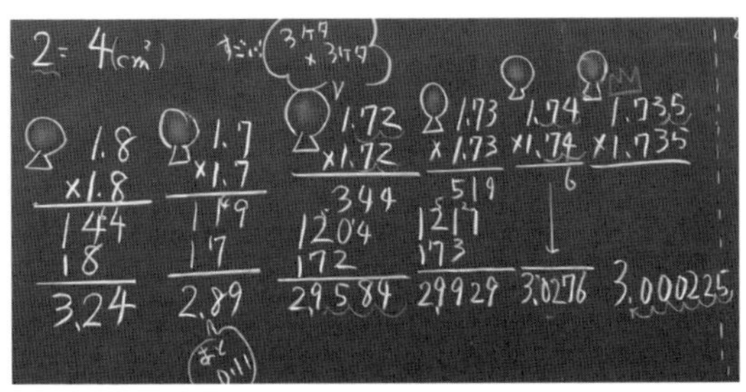

教師から与えるとブーイングが出そうな桁数の多いかけ算になっても，夢中になって解き続けます。だれも正解を出せないので，終わることはありません。自分のペースで追究しつつ，計算技能の習熟ができる問題です。

「面積が2や5のときはどうなるんだろう」という疑問から，自主学習へ発展していくこともあります。

右の写真は，自主学習で調べてきた子どもたちの記録を教室に掲示したものです。追究する楽しさを存分に味わわせながら，計算技能を高めていきたいですね。

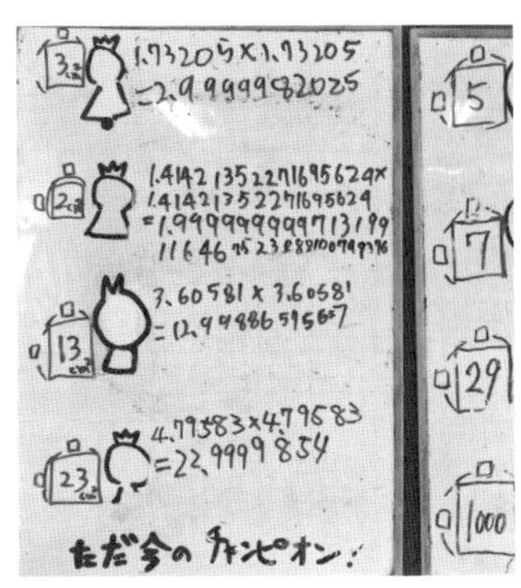

068

1人1台端末

カメラ機能を使って，校内図形探し選手権を行う

4年「垂直，平行と四角形」

日常生活の風景を「図形探し」という眼鏡をかけて見させることで，図形の性質の理解が深まります。それだけでなく，日常生活と算数・数学のつながりに気づくきっかけにもなります。

算数科の目標の1つに「日常の事象を数理的に捉え見通しをもち筋道を立てて考察する力」を養うことがあります。日常の事象を数理的に捉えようとする際には，既習が適用できるように問題となる事象を理想化したり，単純化したりします。つまり，日常生活の場面を算数の問題と捉え直すのです。はじめから算数の問題となっているものばかりを解いていては，日常の事象を数理的に捉えようとする力は育めません。

1人1台端末の普及によって，様々なアプリケーションの活用が容易になっただけではなく，カメラを用いた情報の共有も容易になりました。そこで，教室を飛び出し，普段見ている日常生活の風景を算数の視点で見つめ直し，その発見を共有することで，日常の事象を数理的に捉える第一歩を踏み出します。

４年「垂直，平行と四角形」の授業で説明します。

学校の中にある台形，平行四辺形，ひし形をたくさん見つけてこよう。

上は，実際に４年生の子どもたちが撮った写真です。どれも概形を捉えていると言えます。また，右下のバケツについては，投影して台形と見なしているのです。手すりはどうして平行なのか，バケツやサッカーゴールが台形でなかったらどうなってしまうのかと問い返すことで，図形の性質の理解に実感を伴わせることができます。

069

1人1台端末

ストップウォッチで時間という量の幅をつかませる

3年「時こくと時間のもとめ方」

「秒」の学習では，時間という量を視覚的に捉えさせることが大切です。ストップウォッチと数直線で時間という量の幅をつかませましょう。

秒の学習では，「1分=60秒」や1秒の量感覚をつかませることが教科書においては重視されています。一方，何かの時間を計るとき，0から1の幅を意識して数える子と，いきなり1を数えてしまう子がいます。

そこで，まず何も見ずに数えながら時間を計ることで両者の違い（ずれ）に気づかせ，その後でストップウォッチで改めて時間を計っています。すると，いきなり1を数えてしまった子も，1が感覚より少し遅いことに気づき，0から1の幅を意識できるようになります。

3年「時こくと時間のもとめ方」の授業で説明します。

> 電車が1周回るのに何秒かかるでしょう。
> （軌道上を走る電車模型の動画を見せる）

T　1周回るのに，何秒かかるかな？　みんなで声を出して数えてみようか。よーい，スタート！

C　1，2，3，…18

C　…1，2，3，…17

T　ストップ！　あれ？　まだ半周しか走っていないのに1秒もずれてるね。じゃあ今度はストップウォッチを使ってみようか。

（秒の下位単位（下図の点線で囲んだ部分）を隠す）

T　今度は静かに数えてね。よーい，スタート！

C　先生，なんかストップウォッチ遅くない？

C　隠れてる時間がある！

C　そうか，0と1の間にも時間があるから，遅く感じたんだね。

この後，自分の端末のストップウォッチを使って，自分で時間を計る活動に移ります。0から1を意識したり，時間の量感覚を鍛えることにつながります。

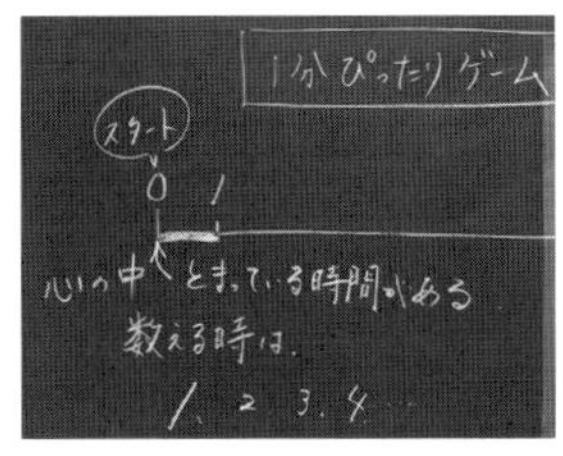

070

1人1台端末

情報を限定して提出させる

5年「四角形と三角形の面積」

学級全体で協働的に学ぶ中で，1人1台端末を使ってお互いの意見を交流することがあります。そんなときは，表現方法を限定する等，情報を絞って提出させることが大切です。

1人1台端末は，互いの考えや意見を共有できる便利な道具です。黒板に書いて伝えるよりもたくさんの情報を一度に相手に伝えることができます。

しかし，一度にたくさんの情報を伝えることができるからこそ，読み手の子どもたちの着目するポイントがバラバラになってしまうこともあります。

例えば，お互いの考え方を解釈したい場面で，1人1台端末を用いて問題の解き方を交流したとします。一度にたくさんの情報が送られてきた子どもたちは，「だれの」「どの考えの」「どの部分に」着目するのかが，全員バラバラになります。もし，「答えさえわかればいい」と考える子どもがいたならば，その中の1人の式と答えだけを写し，そこで考えることをやめてしまうかもしれません。その後，学級全員で同じ課題意識をもって学習を進めることは難しくなるでしょう。

子どもたちの着目するポイントを焦点化させるために，端末を用いて意見交流をする際は，情報を絞って提出させることが大切です。

5年「四角形と三角形の面積」の学習場面です。

三角形の面積の求め方を考えよう。

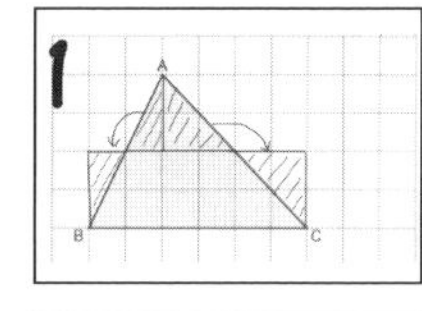

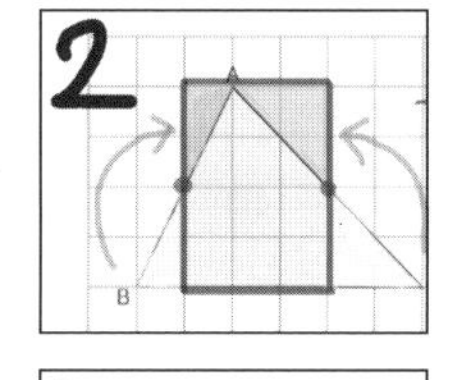

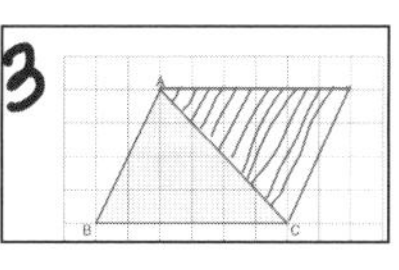

T　みんなが考えた面積の求め方を提出してください。ただし，「図だけ」です。式や言葉はなしだよ。
（子どもが提出したものは大きく3つに分かれる）

T　大きく分けると，3種類の考えが出てきたね。どう考えたのか聞いてみたいものはある？
（子どもたちが口々に意見を言う）

T　なるほど，3の考えを聞いてみたいっていう人が多いね。

図だけを交流することで情報が少なくなり，「変形の仕方」に焦点化して考えやすくなりました。また，文字や式がないことで，どう考えたのかを読み手が推測する余地が残っています。友だちの考えを聞いてみたいという必要感が生まれ，その後の意見交流も活発なものになりました。

071

1人1台端末

ノートの見本を共有する

3年「たし算とひき算の筆算」

見本となるノートを印刷して配付すると，そのときは見ても，後の授業では見なくなってしまいます。そこで，端末を使って共有することで「いつでも見られる見本」とすることができるのです。そうすると，過去の学習も意識するようになっていきます。

ある子どもが書いたノートを見本として紹介し，ノートの書き方を指導していくことは効果的です。いくら言葉で伝えても，具体的な見本がある方が理解しやすいのは当然です。しかし，見本となるノートを印刷して配付しても，見るのはそのときだけになってしまうことが多いでしょう。いつまでも手元に置いておくことは，なかなか難しいです。「いつでも見られるように」と思って，教室に掲示したとしても，やはり手元になければ，なかなか見返すことはしないでしょう。

そこで，1人1台端末でノートの見本を共有することをおすすめします。そうすることで，いつでも見返すことがしやすくなるのです。「○月○日のノートの見本を見てごらん」という声かけもしやすくなります。

３年「たし算とひき算の筆算」の学習場面です。

> 次の筆算の仕方を考えましょう。
>
> 465＋372

T　この人は，筆算を解くだけでなく，見つけたきまりについてもノートに書いています。問題を解くだけでなく「きまりを見つける」ということもおもしろいね。

C　たし算できまりが見つかるなら，ひき算でもきまりを見つけられるかもしれないな。

大切なことは，欲張って一度にいろいろ紹介するのではなく，「今日はこのことについて価値づけよう」とポイントを絞って，見本となるノートを紹介することです。「図の書き方」「説明の仕方」などから始めていき，少しずつ「問題を解くときの着眼点」等の数学的な見方・考え方を言語化することを価値づけていくとよいでしょう。

072

1人1台端末

振り返りを共有し，学び合う時間にする

6年

1人1台端末で子どもの振り返りを共有することで，振り返りの時間が，自分独りで学ぶ時間から，友だちと学び合う時間へと変わっていきます。

1人1台端末で意見を交流するのは，問題解決のときばかりではありません。授業終末部の「振り返り」も，1人1台端末で共有することで，子どもたちはお互いの振り返りの内容を交流し，学び合うことができるようになります。

少し長めに時間を取り，振り返りをタブレットに打ち込んだり，あるいは下の写真のように，ノートに書いて写真を撮ったりして，1人1台端末上に提出，共有します。すると，1人で振り返りを書くときと比べて，子どもたちの動きが変わってきます。

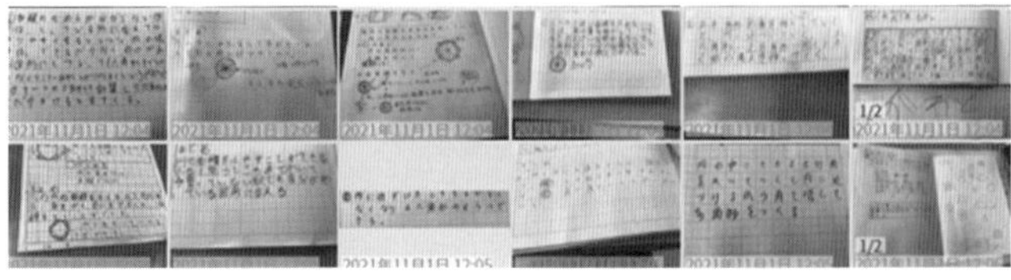

振り返りを書けた子どもの多くは，他の子どもの振り返りを読み始めます。同じ授業を受けても，子どもたちが感じていることが同じとは限りません。他の子どもの振り返りを読むことは，他の子どものアイデアや書きぶり，学ぶ際の着眼点を学ぶことにつながります。

6年生の子どもたちに振り返りを共有することについて感想を聞いてみると，下のような声が返ってきました。

C　他の人の振り返りを読むのが楽しい。

C　自分の振り返りを書くのも大切だけど，人の振り返りを読むと，勉強になる。授業中気づかなかったことに気づくこともあるから。

C　人の振り返りに自分の名前が出てきたとき，すごくうれしい（○○君の説明がわかりやすかった，など）。

C　○○さんの振り返りがすごい！　わかりやすいから，いつも読んで参考にしています。

振り返りを書くことに苦手意識がある子どもでも，4人目の子どもが言っているように，他の子どもの振り返りを読むことで書きぶりを参考にすることができます。

振り返りの時間は，「互いの振り返りから学び合う時間である」という意識を学級で共有しておくことが大切です。振り返りを読みながら，お互いのよいところを語り合えるような時間になるとよいですね。

073

1人1台端末

算数アルバムをつくる①
―授業編

1年「わかりやすくせいりしよう」

学習したことを子どもなりにラベリングしたり，グルーピングしたりする中で，学びのつながりに気づく姿を目指します。

授業後半の振り返りの際，板書やノートを基にその時間で一番心に残ったことを言語化，ラベリングさせます。

さんすうだいはっけんアルバム

ぱっとみてわかる

ばらばら→あつめる

みんながおなじカードをえらぶいいかた

かずのかいだんだ！
はんたいから
みてもおなじ

にじみたい

それを「算数○○アルバム」（○○は子どもが自分でネーミングする）に蓄積していきます。蓄積された学びは，未習内容を考える際のヒントやきっかけになることもあります。また，学んだことが単元・領域を超えてつながることもあるでしょう。もちろん，最初のうちは教師の働きかけが必要です。ラベリングやグルーピングをやり直すなど，アルバムを整理する時間を設けたり，意図的に学びのつながりを示したりする必要があります。

1年「わかりやすくせいりしよう」の学習場面です。

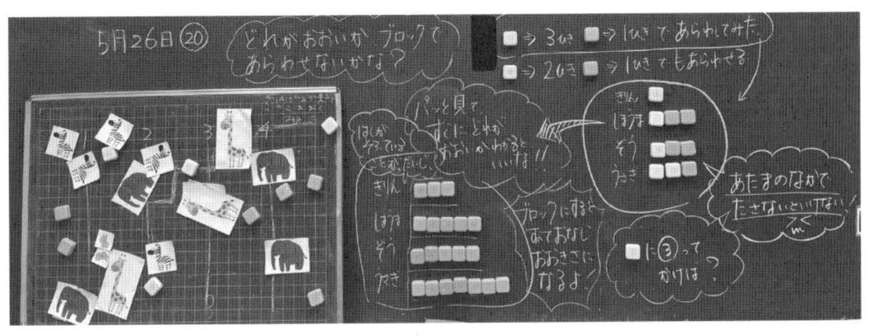

T　今日の授業で，一番心に残った部分はどこですか？

C　パッと見てすぐわかる表し方。

C　ブロックを使うと，同じ大きさにできる。

C　白ブロック１個を３匹と表すこともできる。

T　自分が心に残った部分をひと言で表すとどうなるかな？　その言葉をカードにして，写真と一緒にアルバムに記録しておきましょう。

子どもには，必要に応じて授業中いつでもアルバムを参照してよいと伝えておきます。子どもが情報を蓄積したり，蓄積した情報を参照したりすることについては，ある程度自由度をもたせておくことが大切です。

074

1人1台端末

算数アルバムをつくる②
—日常編

2年「かけ算(1)」

身の回りにある算数を見つけたらアルバムに記録していきます。自分でラベリングしたり，グルーピングしたりして，アルバムを整理していく姿を期待します。

前項の授業編と並行して進めたいのが，日常編です。身の回りに隠れた算数を見つけたときにアルバムに蓄積していくように声をかけます。まずは，授業の中でアルバムにどのようなものを入れていくとよいのかという視点を共有していくことが必要です。単元の中で，身の回りのものとつなげる時間を意図的に設けるとよいでしょう。

身の回りにある算数に目を向けることで，子どもが数や図形等の見方を豊かにしていくことが期待できます。また，日常に算数がたくさん隠れているということを発見する楽しさも味わわせることができます。

2年「かけ算(1)」の授業で説明します。

T　今日は，校内のかけ算探検をしてみましょう。何の段のかけ算を見つけることができるかな？

C　あっ，提出用のボックスは黒と黄緑で分かれていて，4×2＝8だよ！

C　ロッカーは，縦に見ると3×4＝12だけど，横に見ると，4×3＝12だね。

C　家や帰り道にもたくさんありそう。探してみよう。

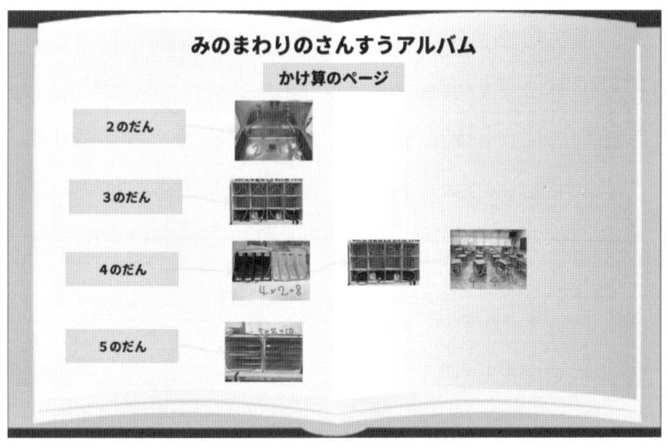

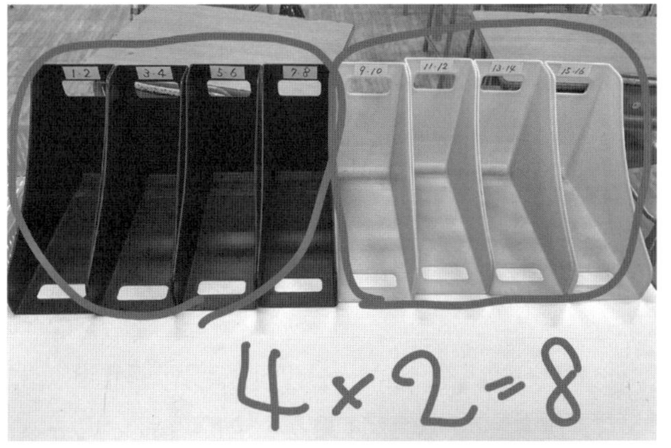

075

個別学習

授業の導入で本時のねらいを共有する

5年「小数のわり算」

いきなり個別学習をさせても，ただ問題を解いて終わりになってしまう子どもが多いでしょう。そうならないために，授業の導入で，本時のねらいを共有するとよいでしょう。本時のねらいを共有することで，学習のつながりを意識しながら個別学習に取り組める子どもが少しずつ増えていくでしょう。

個別学習において大切なことは「なんのためにこの学習をするのか」ということを，子どもが自覚することです。そのためには，目的意識をもつ必要があります。

例えば，５年「小数のわり算」の学習で，前時に7.56÷6.3の計算の仕方を考え，本時で1.5÷0.4の計算の仕方を考えるとします。このとき，前時との違いを考えるとともに，前時まで働かせてきた「小数を整数にする」という数学的な見方が，「問題が違っても使えるのか」ということを共有するのです。これは，「本時のねらい」を共有するということです。

ただ問題を解いているだけの個別学習では，知識偏重の学習に逆戻りしてしまう恐れがあります。前時との違いを明らかにしたうえで，「これまで働かせてきた数学的な見方が使えるのか？」ということを意識させると，「だったら，この先にはどんなことができるのかな？」と子どもが問題を発展させることもできるようになっていくのです。

５年「小数のわり算」の学習場面です。

> 次の計算の仕方を考えましょう。
> 1.5÷0.4

T　前の授業では7.56÷6.3をやったけれど，今日の問題と前の授業の問題との違いは何かな？

C　わる数が１より小さくなっています。

T　どうやったら計算ができるかな？

C　前の学習でも「小数を整数にする」ことでできたから，今回も同じようにできると思います。

T　そうやって，「前に使った考え方が，数が変わっても使えるかな？」と考えると，「じゃあ，次はどんなときに使えるかな？」と考えられるようになって，自分で学習を進められるようになりますよ。

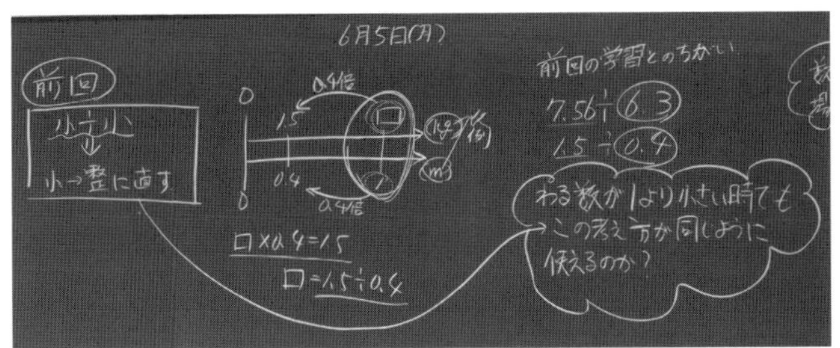

076

個別学習

問題解決のための着眼点を言語化させる

3年「かけ算の筆算(1)」

個別学習でも，「答えを出したら終わり」では算数を学習している意味は薄れてしまいます。大事なのは，数学的な見方・考え方を働かせていることを自覚することです。その第一歩は，問題解決のための着眼点（数学的な見方）を言語化することです。

問題解決のための着眼点とは，解き方の中のポイントということです。下のノートは2桁×1桁の筆算の仕方を考えたときに子どもが書いたノートの一部です。

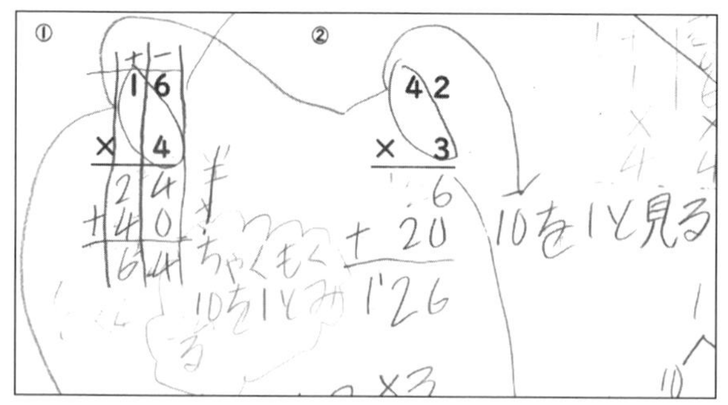

真ん中に「ちゃくもく　10を1とみる」と書かれているのがわかるでしょうか。これは，②42×3であれば，「10を1とみることによって，40を4と考え，4×3＝12と計

算し，答えの12は10が12個ということだから本当は120」と考えるということです。

問題解決のための着眼点を言語化するためには，何問か解いて共通点を考えさせるとよいでしょう。

３年「かけ算の筆算(1)」の授業で説明します。

次の計算の筆算の仕方を考えましょう。
①16×４　②42×３　③58×３

C　全部筆算で考えることができました。
T　こんな大きな数の筆算もできたの？
　十の位のかけ算はどうやってやったのかな？
C　42×３の40×３は，10を１とみて，40を４と考えると４×３＝12になって，この12は10が12個ということだから，120ってわかります。
T　10を１とみると，そんな簡単にできるんだ！
　他の計算も同じように考えられた？
C　できるよ。だから，「10を１とみる」ことが，かけ算の筆算では大事なんだよ！

子どもが難しいと思う点（本実践では十の位のかけ算）に着目させ，どのように解決したのかを考えさせていくと，少しずつ着眼点が言語化されていきます。そして，自分の言葉でノートに書くことも大切です。

077

個別学習

言語化された着眼点を ICT で共有する

3年「かけ算の筆算(1)」

問題解決のための着眼点（数学的な見方）を言語化したら，ICT で共有するとよいでしょう。個別学習の短所は，1人が考えたことを全員で共有できないことですが，ICT を活用することで，各自が言語化した問題解決のための着眼点を共有できるのです。

２桁×１桁の筆算の仕方を考えた際，多くの子どもは「10を１とみる（する）」という着眼点を言語化していました。しかし，子どもは，意見交流をした人としか，言語化した着眼点を共有することができません。そこで，ICT を使って言語化された着眼点を共有します。

言語化された着眼点を ICT で共有するとよいことは，主に２つあります。１つは「他の人と同じだ」という安心感を子どもがもてることです。同じ着眼点をもっている人が他にもいることを知ると，「これでいいんだ」と思って自信がもてます。もう１つは「自分では気づけなかったことに気づける」ということです。自分では考えられなかった着眼点を知ることができるだけでなく，自分で着眼点を考えられなかった子どもにとっては「こういうことを考えればいいんだ」と理解することにもなるのです。

3年「かけ算の筆算(1)」の授業で説明します。

次の計算の筆算の仕方を考えましょう。

①16×4　②42×3　③58×3

T　筆算の仕方を考えたときに大事なポイント（筆者のクラスでは「着目ポイント」という）がわかった人は，タブレットで投稿（下の例は，Microsoft の Teams を使用）してみてね。

2022/10/19 11:07
使えるもの
位取り表・１０を１とする・合体方式（分解して）
一番使える着目ポイント
なになにを1とする・何々をもとにする・何々をなにとみる

2022/10/19 11:08
位取り表も使えるよ！
10を1とする。1を１とする。

2022/10/19 11:09　編集済み
10を1とみる。

2022/10/19 11:09　編集済み
〇〇を1とする。（〇〇をもとにする）

上の画像は，実際に子どもが言語化した着眼点の一部です。「10を１とみる（する）」以外にも位取り表に着眼した投稿もされています。この投稿を見た子どもが，位取り表を使って，筆算の仕方を考え直していました。子どもにとっては新たな気づきの場となるのです。

078

個別学習

問題を発展させる視点を示す

3年「かけ算の筆算(1)」

個別学習では，教師から提示された問題を解決したら，解決した問題を自ら発展させていくことが大切です。しかし「問題を発展させましょう」と言っても，自分で問題を発展できる子どもは少ないです。そこで問題を発展させるための視点を示すのです。

問題を発展させるとき大切なのは，最初の問題を解決するための着眼点（数学的な見方）を意識することです。2桁×1桁の筆算であれば「10を1とみる（する）」や「位取り表の仕組み」です。これらの着眼点が「問題を発展させても使えるのか？」ということを考えることにより，「いつでも使える考え方」が明確になったり，「どこまで使えるのか」という限界を理解したりすることにつながるのです。そこで，以下の3つの視点を提示しておくと，最初の問題を解決するための着眼点を意識しながら，問題を発展させやすくなります。

①数を変える（例：2桁→3桁）

②数の個数を変える（例：$a \times b$ → $a \times b \times c$）

③場面を変える（例：問題場面，たし算→ひき算）

3年「かけ算の筆算(1)」の授業で説明します。

次の計算の筆算の仕方を考えましょう。
①16×4　②42×3　③58×3

C　2桁×1桁は「10を1とする」と考えればできたけれど，数を変えて，3桁×1桁でも同じようにできるかな？

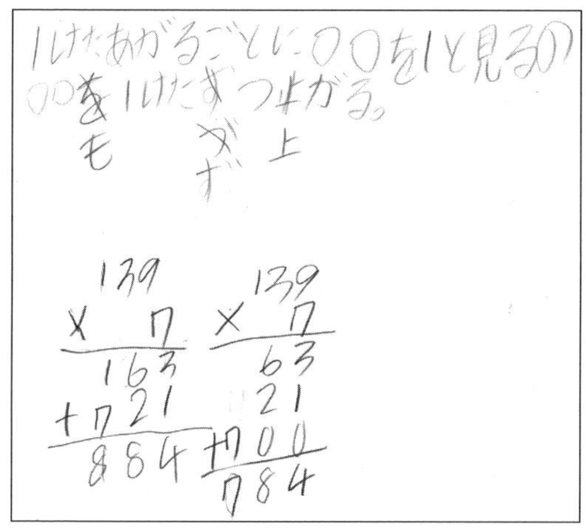

この子どもは，3桁×1桁にしても，「○○を1とみる（する）」という考え方が使えることを見つけています。問題を発展させる視点を与えることによって，子どもが自ら学習をつなげられるようになるのです。

079

個別学習

子どもと子どもをつなげる

3年「小数」

個別学習では，まわりの人と関わることで，自分では気づけなかった考え方に気づいたり，わからないことを聞いたりすることが大切です。だからこそ，自分からまわりの人と関われない子どもは，教師がつなげてあげることが大切です。

授業の中での個別学習は，いつでもまわりの人と関わることが許されていることが前提になります。問題が解けた後，まわりの人と関わることによって，自分では気づけなかった考え方を知ることができます。また，問題が解けなかった場合は，まわりの人と一緒に考えることもできます。ですから，個別学習というのは，自分からまわりの人と関わることで，考え方の共有ができたり，問題解決ができたりするのです。

しかし，自らまわりの人と関わることができない子どもは，個別学習が孤立学習に陥ってしまう恐れがあるということです。「1人でじっくりと考えている姿」と「だれとも関われないで固まっている姿」は，一見同じように見えますが，子どもの内面はまったく異なります。したがって，

「だれとも関われないで固まっている姿」とわかったときは，子どもと子どもをつなげてあげることが大切です。

３年「小数」の授業で説明します。

136.2は，100，10，１，0.1をそれぞれいくつ合わせた数でしょう。

T　解けたみたいだね。どうやって考えたの？

C１　図を使って考えてみました。

T　わかりやすいねぇ。C２さんはできた？

C２　できました。

T　C１さんは図を使って考えたんだって。おもしろいよ！　見てごらん。

上の写真のように，子ども同士が話し始めたら，教師は少し身を引いて，子どもが話し合う様子を見守ってあげるとよいでしょう。

080

個別学習

問題が解けない場合は，教師と一緒に考えさせる

3年「重さのたんいとはかり方」

個別学習でまわりの人と関わることができない子どもの様子を見ていると，多くの子どもは自分の解き方がわからず自信をもてないことが原因になっています。そんなときは，教師が一緒に考え，子どもに自信をもたせましょう。

問題が解けないときに，まわりの人に相談できる子どもならば任せてもよいのですが，問題が解けずに１人で固まっている子どももいます。そういった子どもには，教師が関わった方がよいでしょう。個別学習のときは特に関わりやすいので，どんどん関わってあげるべきです。

まずは，目の前の問題を一緒に解くことです。子どもは，自分なりの解き方を理解すると，まわりの人と関われるようになります。時には，教師が解き方を教えて，「どうしてそうなるの？」という説明を子どもと一緒に考えることも必要です。個別学習のときは，一人ひとりの子どものペースで学習を進めることができるので，算数の苦手な子どもに積極的に関わり，「できた！」と子どもが自信をもてるようにして，まわりの人と関わるきっかけをつくっていくことが，教師の大きな役割の１つと言えるでしょう。

３年「重さのたんいとはかり方」の授業で説明します。

4kg50g－1kg300gの計算の仕方を考えよう。

T　何かわからないことがあったかな？

C　…

T　一緒にやってみよう。同じ単位同士でひきたくても，50gから300gはひけないね。4kgから1kgをもらってくると，ひけるかな？

C　1000gになるからひける。繰り下がりみたい。

T　前の学習ともつなげられた！　ひけなかったら，1kgもらって1000gにするとできたね！　今一緒に考えた解き方を，隣の人にも説明してあげるといいよ。

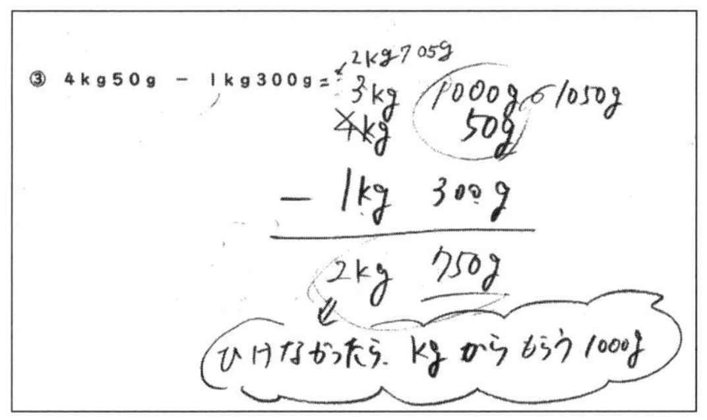

一緒に問題を解き，子どもが理解して終わりにせず，まわりの人と関わるよう声をかけることも大切です。

081

個別学習

クラスの学び方 MAP をつくる

全単元

個別で学習する時間は，自分で学習の仕方を選択し，「学び方」を学ぶチャンスです。学び方 MAP は，子どもたちが自分の学び方を自覚し，意図的に選択できるようにするための仕組みです。

個別学習の時間は，子どもたち一人ひとりが自分の課題に向き合い，自分のペースで問題解決をできる時間です。しかし，そのときにそれぞれの子どもがもっている「学び方」は，子どものそれまでの経験によって様々です。

例えば，個別学習の時間に考え方がわからない問題に出合ったときどうするか。「先生に尋ねる」という子もいるでしょうし，「友だちに相談する」という子もいるでしょう。「ノートや教科書を振り返って，似た問題がないか探してみる」という子もいると思います。

学び方 MAP は，そうした子どもたちが今もっている「学び方」を示すマップです。クラスの子どもたちに「こんなときどうする？」と尋ねることで，クラスの子どもたちがもつそれぞれの「学び方」を引き出し，それを選択肢として次ページのような MAP にまとめていきます。

6年生とMAPをつくった際の会話の一部を紹介します。

T　わからない問題に出合ったとき，みんなどうするの？
C　ぼくは自分で教科書やノートを振り返る。
C　私は友だちに聞きます。
T　なるほどね。友だちには何を聞くの？　答え？
C　いや，答えだと勉強にならないから，ヒントがいい。
T　自分で振り返るのと友だちに聞くのだと，身につく力が違いそうだよね。それぞれどんな力がつきそう？

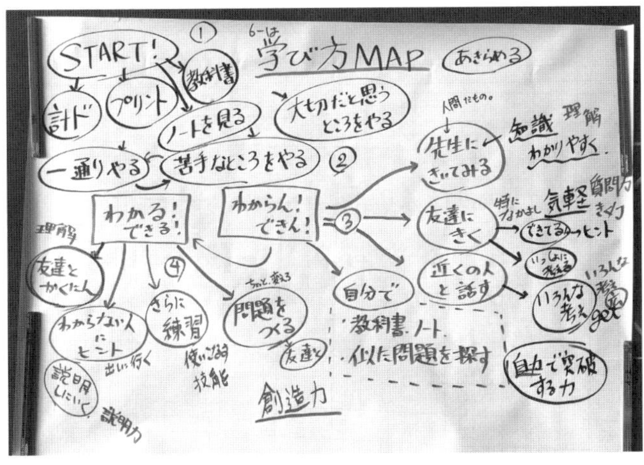

できたMAPは，個別学習の際に黒板に掲示し，自分の学び方を選んだり，振り返ったりするときに使用します。選択肢が視覚化され，それを子どもが意図をもって選択することは，子どもが主体的に学ぶことにつながり，学び方そのものを育てていくことにもつながります。

082

評価方法

発言とセットで子どもの名前も板書する

6年「分数のわり算」

子どものつぶやきには，すばらしい数学的な見方や考え方が含まれています。その発言を板書するだけでなく，発言者の名前を添えることが評価に役立ちます。

授業中に子どもたちは様々なことを考えており，考えたことは発言にあらわれます。その中には，挙手することで指名されて発言することだけでなく，口からついこぼれ出てくるつぶやきもあります。この無自覚的に表出するつぶやきにも，様々な数学的な見方・考え方が含まれています。そのつぶやきを教師がキャッチし，他の子どもたちにも広げていくことで，みんなが数学的な見方・考え方を獲得し，成長していくことにつながります。

その際，つぶやいた子どもの発言だけでなく，名前もあわせて板書することで，次のような効果が期待できます。

①授業後に板書を撮影するだけで評価資料になる。

②他の子どもが次時以降に想起する際に「○○さんが言っていたように…」と発言をつなげやすくなる。

③通知表や指導要録の所見欄の記載に役立つ。

特に①の役割が評価において重要になります。ここでいう評価とは，授業内での評価のことであり，子どもの実態を把握し，学習をより適切なものにするための評価のことを指します。

子どもが数学的な見方・考え方を働かせていたかどうかを教師が見取る場合，子どものノートが貴重な資料になります。しかし，考えたことのすべてがノートに残るとは限りません。発達段階により，記述することより発言することの方が自らの考えたことを表現する手段として容易である場合もあります。

また，授業中の子どもの発言をすべて記録しておくことは困難です。しかし，板書に発言の内容と発言者を書いておくことで，授業後に板書の写真を撮るという単純な作業だけで，簡単に記録を残すことができます。その際に子どもの発言は黄色で示すなど，板書する際のルールもあわせて整理しておくと，より効果的です。

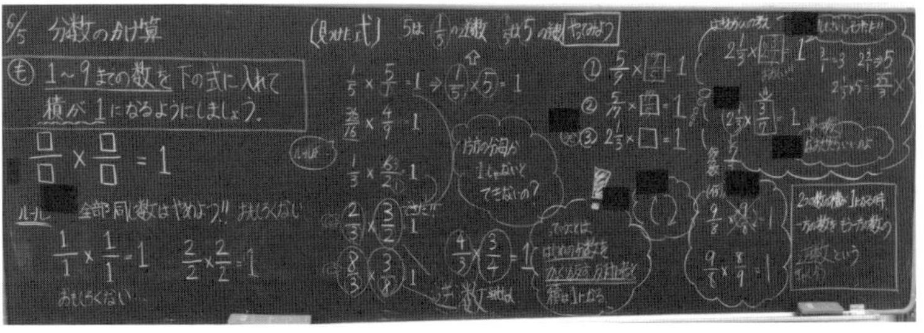

※板書中の黒く塗りつぶされている箇所が子どもの名前

083

評価方法

自力解決の場面を授業の後半にもつくる

3年「三角形と角」

授業の途中（中盤〜後半）で，集団検討で働かせた数学的な見方・考え方を各自が改めて働かせる場面を意図的につくります。こうして一度立ち止まり，思考を整理させることが，より深い理解につながります。その状況を教師は見取り，即時的な指導につなげていきます。

授業の最後に適用問題を解く時間を取って，その状況から知識・技能を見取ることがよくあります。しかし，集団検討で話し合う時間が長い授業だと，学習内容を整理，理解できないまま終末に至る子どももいることでしょう。そのような子どもは，授業の最後に適用問題を解かせても，できないまま終わってしまいます。

そこで，授業の中盤から後半にかけて，集団検討で働かせた数学的な見方・考え方を，各自が改めて働かせる時間を取ります。2回目の自力解決の場面をつくるイメージです。そうすることで，教師も子どもの状況を見取りやすくなり，即時に指導を入れることも可能です。

3年「三角形と角」の授業で説明します。

同じ半径の2つの円の中心を近づけていきます。
三角形アイウはどんな形になるかな。

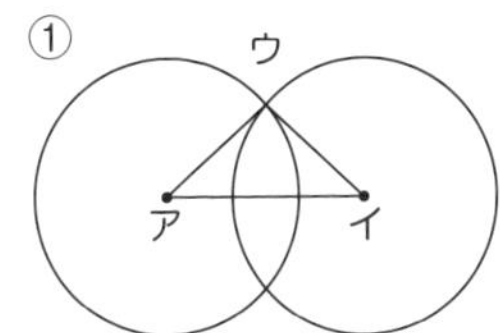

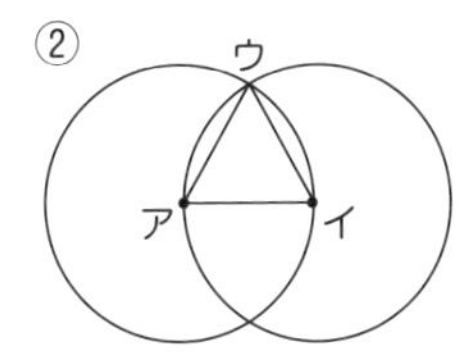

C　①は二等辺三角形だよ。

T　どうしてそう言えるの？

C　アウは，アの円の半径で，イウはイの円の半径だから同じ長さ。2つの辺が同じ三角形は二等辺三角形です。

T　どこに注目すると二等辺三角形と言えるの？

C　円の中心と半径を見つけて，同じことを説明した。

C　だから，②も同じように考えれば正三角形だよ！

T　ちょっと待って！　①と同じように②も考えられるかな？　②が正三角形だと言えるか，ノートに書いて説明してみよう。
（机間巡視で子どもの状況を見取り，即時的な指導を行う）

図形領域では，動的に教材を扱うことで，このような場面をつくりやすくなります。

084

評価方法

すきま時間を使って スプレッドシートに所見メモを書く

5年「図形の角」

「鉄は熱いうちに打て」
授業中に見られた子どものすてきな一面は，その日のうちに記録として残すことをおすすめします。

授業中に見られた子どものすてきな一面を記録するツールをあらかじめ用意し，記録することを習慣化すると，学期末になってから通知表の所見で書くことに困る，といったことがなくなります。

授業が終わった後や，給食を食べ終わった後のちょっとしたすきま時間に，１人でもよいので所見メモを書きます。また，子どもが下校した後の５分間にも必ず書くなど，自分の中で習慣化してみるとよいでしょう。

記録する際には，Google スプレッドシートがおすすめです。１枚のシートに教科ごとの記述スペースを設けておくか，教科ごとのタブをつくっておきます。スプレッドシートがよいのは，複数の端末から記入できるところです。いつでもどこからでも記録できます。また，自分以外の先生が授業に入っている場合にも，スプレッドシートを共有しておけば，記録してもらうことができます。教科担任制の場合にも有効です。

5年「図形の角」での姿を基に説明します。

- 「図形の角」の学習では，「四角形だったらどうか」と三角形の学びを発展させて考える姿が見られた。
- 四角形の内角の和を求める際には，三角形の内角の和が180°ということを生かせないかと考える姿が見られた。
- 全体からひくという方法は，図形の角だけでなく，4年の面積の学習でも使った方法だと気づき，学びのつながりを感じていた。

下線部（＿＿）のように，子どもの思考を見取って記録していきます。

年 組前期評価シート

ファイル　編集　表示　挿入　表示形式　データ　ツール　拡張機能　ヘルプ

共有

100%　¥　%　.0　.00　123　デフォ...　10　B　I

B29　fx

	A	B
1	名簿番号	所見
2	1	
3	2	
4	3	
5	4	
6	5	「図形の角」の学習では，三角形，四角形の外角を求めるきまりをもとに，「だったら五角形のときは○○すればいい。」と考えを発展させていた。
7	6	
8	7	「小数のわり算」の学習では，小数のかけ算の学習と関連付けながら考える姿が見られた。「かけ算のときに用いた方法はわり算に使えないのか。」という問いをもち，発言した。
9	8	
10	9	
11	10	
12	11	
13	12	「小数のわり算」では，商が1よりも大きくなるわり算について，授業で学習したことを再度家庭で考え直し，図を用いて考えを整理することで理解していた。
14	13	
15	14	
16	15	
17	16	
18	17	「倍数と約数」の学習では，「同じまとまりがくり返されている。」と3と4の公倍数が12であることを図で説明した。また，「だったら5と6でもできそうだ。」と発展させて考えようとしていた。
19	18	
20	19	
21	20	
22	21	「単位量あたりの大きさ」の学習では，「広さが等しいなら人数が多い方が混んでいる」と混み具合の比べ方について，分かりやすく説明していた。
23	22	
24	23	
25	24	「図形の角」の学習では，「多角形の内角の和を求める式には，いつも差が2になるきまりがある」と気付き，発言した。この発言は，多くの子に気付きを生むきっかけとなった。
26	25	
27	26	「小数のわり算」の学習では，「わり算はわられる数とわる数に同じ数をかければ商は変わらないきまりがあった」と既習と関連付けて考えていた。
28	27	「小数のわり算」の学習では，4年で学習した整数のわり算におけるきまりは，小数になっても適用できるのではないかと考えた。
29	28	
30	29	

+　語　社会　算数　理科　音楽　図工　家庭　体育　道徳　特別活動　総合

085

評価方法

授業で記憶に残った子どもを名簿でチェックする

5年「小数のかけ算」

毎日ノートをチェックしたり，課題を提出させたりするのはなかなか難しいです。しかし，評価において大切なことは「毎日続けて子どもの様子を見取る」ということです。そのためには，無理なく続けられる評価方法を1つもっておくとよいでしょう。それが，次の日の授業改善にもつながっていきます。

毎日続けられる評価方法として，「授業で記憶に残った子どもを名簿でチェックする」というやり方があります。

授業をしていると，発言した子どもだけでなく，「粘り強く考えているな」「前の学習を使って，自分で解き方を考えようとしているな」のように，様々な子どものよさに気がつきます。そういった，自分の記憶に残った子どもを名簿にチェックして残していくのです。

やり方はとても簡単です。名簿を用意してその日の授業で記憶に残った子どもに○をつけていけばよいだけです。もし余裕があれば，○の隣にコメントを書いておけばさらによいですが，それを毎日やろうとすると続かなくなってしまうので，できるときに書くようにしましょう。大切なのは「毎日続けて子どもの様子を見取る」ことです。

続けていくと，○がなかなかつかない子どもが浮き彫りになります。そういう子どもは，なかなか学習に取り組めていない場合もありますし，教師が見取れていない場合もあります。○がついていない子どもがわかったら，次の日から意識して見取ればよいのです。

5年「小数のかけ算」の例です。

	1時　整数×小数の立式（80×2.3）	2時　整数×小数の計算の仕方（80×2.3）	3時　小数×小数の計算の仕方（1.6×3.2）	4時　小数×小数の計算の仕方（8.93×4.7）
Aさん	○	○	○	○
Bさん		○		○
Cさん				

T　（Aさんはいつもよく考えているなぁ。でも，Cさんはあまり考えられていないのかもしれないなぁ。明日の授業では，Cさんがどんなことを考えているのかよく見てみよう）

086

評価方法

評価基準を子どもに示す，子どもとつくる

5年「分数のたし算とひき算」

本時の評価基準（A／B／C）を子どもに示したうえで評価問題に取り組ませます。また，単元を通して大切にしたいことを子どもと共有できている場合には，「このキーワードが入っていたらA」というように，評価基準をともにつくることもできます。

算数の授業では，授業後半で評価問題や振り返りを行うことがあると思います。その評価問題や振り返りの評価基準を子どもと共有したうえで取り組ませます。

このとき大切にしたいのは，子どもが授業内で重要だと認識していることを評価基準に取り入れることです。例えば，授業内で子どもが「図で表すと式の説明がわかりやすくなった」と理解したのであれば，評価基準にも図で説明することを取り入れます。もし，子どもが図を使うことの価値を見いだしきれていないにもかかわらず，図で説明することを強いても，子どもは納得できないですし，どのように取り組んだらよいかという見通しももてません。

5年「分数のたし算とひき算」の授業で説明します。

T　振り返り問題を解きます。授業の中で，同じ大きさの分数をつくると分数の大きさを比べやすくなることがわかりましたね。比例のような考えと図での説明がつながるとよくわかるということでした。

> $\frac{3}{4}$mと$\frac{8}{12}$mは，どちらが長いですか。
> 図だけもしくは式だけの説明　⇒　B評価
> 図と式の両方で説明　⇒　A評価

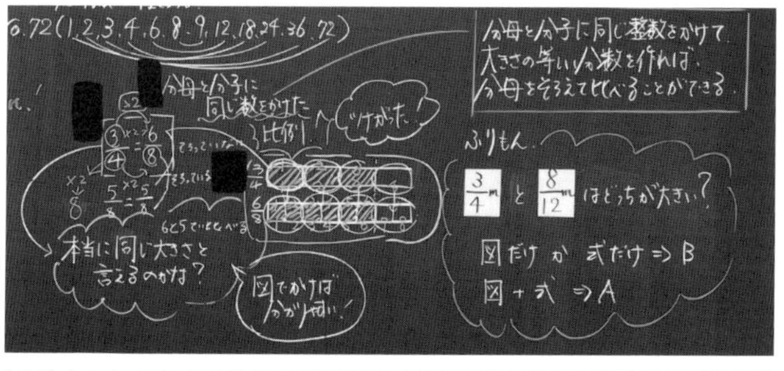

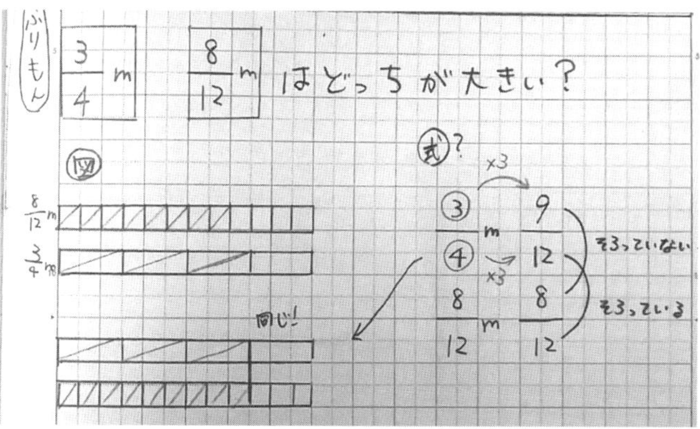

087

評価方法

主体的に学習に取り組む態度を授業後の対話を通して評価する

5年「帯グラフと円グラフ」

授業後の子どもの姿から「主体的に学習に取り組む態度」を把握します。対話を通して子どもの情意や態度を見取り，評価につなげることができます。

観点別学習状況の評価の観点は「知識・技能」「思考力・判断力・表現力等」「主体的に学習に取り組む態度」の3つです。このうち「主体的に学習に取り組む態度」をどのように評価しているでしょうか。他2つの観点はテスト等を利用して数値化し，評価につなげることができます。しかし「主体的に学習に取り組む態度」は数値に表れにくく，子どもの姿から把握する必要があります。

そこで，授業後の子どもの様子を見ます。すると，積極的に教師に自分の考えを話しに来る子どもや問題の続きに黙々と取り組む子どもなど，自ら学びを進めている姿が見られます。そんな姿を見つけ，話しかけてみます。すると，達成感や充実感，協働することのよさを感じていることが伝わってきます。また，自信をもったり，算数のおもしろさを感じたりしていることもわかります。このような姿を見取り，評価につなげたり，学んだことを生活や学習に活用しようとしたりする原動力を育むことが大切です。

５年「帯グラフと円グラフ」の授業で説明します。

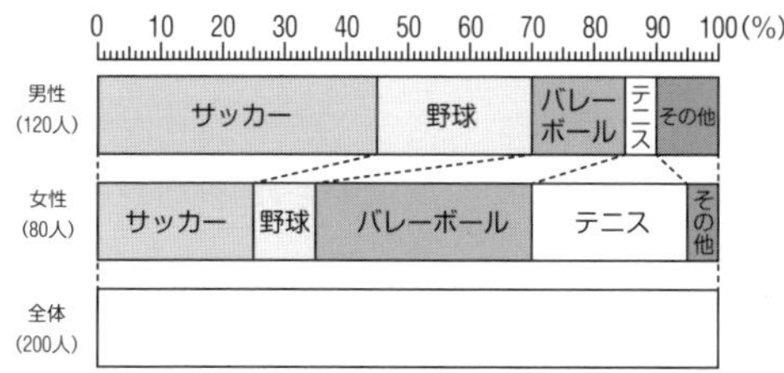

子どもたちに全体の帯グラフを完成させるよう伝えました。全体と部分の関係から式に表して考えたり，１％あたりの人数を基に考えたりするなど，様々な方法を用いて帯グラフ（全体）を完成させていきました。完成までに多くの情報を整理したり，計算をしたりしたので，時間がかかりました。この授業後，１人の子どもが話し始めました。

C　先生，今日すごく達成感があった！
T　どうしてそう感じたの？
C　帯グラフを完成させるために，割合の考えを使ってたくさん求めたし，はじめは難しかったけれど○○さんと話したら，どんどん進んで完成できたから。

この子のように，自分の感じていることや考えを表出するのが得意な子どももいれば，苦手な子どももいます。だからこそ，授業後に見られる様々な子どもの姿を注意深く観察し，対話を通してよさを把握することも１つの評価方法です。

088

授業準備

教師の NG ワードを決める

4年「面積のはかり方と表し方」

本時で大切にしたいこと，子どもに気づかせたい言葉を教師が言ってしまわないよう，事前に NG ワードを設定し，子どもが気づくようにしかけます。

授業を考えるとき，「これは子どもに気づかせたい！」という内容があります。これが「教師の NG ワード」です。そういった言葉を教師が言ってしまうということは，教師の手立てが不足していたということになります。

まずは，子どもに気づかせたいことを設定します。それがそのまま教師の NG ワードになります。次に，教師が NG ワードを言わなくとも子どもが気づいていくための手立てを考えていくとよいでしょう。

4年「面積のはかり方と表し方」の授業で説明します。

「単位正方形のいくつ分で面積を比べることができる」

面積の単元では，このアイデアを先行知識のない子どもから引き出すことを目指したいところです。つまり，この言葉が教師の NG ワードであり，この言葉を子どもから引き出すための手立てを考えます。

幅１cmのプレートを18枚使って陣地をつくります。陣地はプレートの内側です。どんな広さの陣地ができますか。

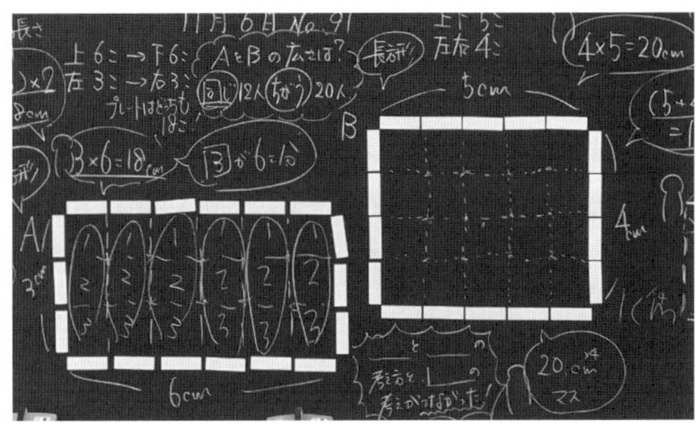

Ａ（縦３枚，横６枚），Ｂ（縦４枚，横５枚）はどちらも18枚からできたもので，子どもが考えた一番広いと思う陣地です。広さを比べる際，１cmのプレートを用いたことで，陣地内に１cm×１cmの正方形（単位正方形）ができます。プレートとプレートの間に少しすきまが空くことで，正方形が見える視覚的なしかけになっています。

公式を知っている子どもは，すぐにかけ算の式を言うかもしれませんが，中に見える単位正方形の数を求めているということまで理解している子は多くありません。先行知識のない子どもたちが，陣地の中に単位正方形を見いだし，先行知識のある子どもたちが語るかけ算とつながったとき，学びが深まる姿が見られるでしょう。

089

授業準備

□の場所を決める

5年「分数のたし算とひき算」

算数は既習事項とのつながりを意識し，過去の学習との共通点や相違点を考えることで，大事な考え方や新しい知識が発見できます。そのために，問題中に□を設け，□に様々な数値を入れることで，既習事項とのつながりを意識させやすくするのです。

文章題の中に□を設ける方法は，教科書にもよく掲載されています。例えば，以下のような問題です。

□Lと□Lのジュースを合わせると，何Lになるでしょう。

これは５年の異分母分数のたし算の導入で扱う問題です。問題がたし算構造になっていくことを共有した後，「□にどんな数を入れれば計算できるかな？」と問いかけ，「２＋３」「0.4+0.5」「$\frac{2}{7}+\frac{3}{7}$」といった発言を導き出し，これまでの学習で扱った計算を想起させます。

ここで重要なのは，□に入れた数に対する価値づけです。例えば0.4+0.5に対して，ただ答えの求め方を共有するだけでは意味がありません。「これは小数のたし算だね」と言い，小数のたし算で使った「0.1を１とする」という数学的な見方を共有するのです。そのうえで「これまで，整数，小数，分母が同じ分数のたし算を学習してきましたが，□の中に$\frac{1}{2}$と$\frac{1}{3}$を入れてもできるかな？」と問い，異分母分数のたし算の計算の仕方について考え，過去の学習との共通点や相違点に目を向けさせていくのです。

５年「分数のたし算とひき算」の学習場面です。

> □Ｌと□Ｌのジュースを合わせると，何Ｌになるでしょう。

T　□にどんな数を入れれば計算できるかな？

C　２＋３

C　0.4+0.5

C　$\frac{2}{7}+\frac{3}{7}$

T　0.4+0.5はどうやって考えればできたかな？

C　0.1を１とすると，４＋５と整数にして考えられるから，計算できるようになりました。

C　$\frac{2}{7}+\frac{3}{7}$なら$\frac{1}{7}$を１とすれば，小数のときと同じように整数にしてできたよ。

T　これまでの整数，小数，分母が同じ分数のたし算は，みんなは同じようにできましたね。では，□の中に$\frac{1}{2}$と$\frac{1}{3}$を入れたらできるかな？

090

授業準備

教科書を見比べる

5年「四角形と三角形の面積」

算数の教材研究の1つとして，教科書を見比べるという方法があります。算数の教科書は6社から発刊されています。同じ学習内容でも，各社の教科書を見比べてみると，共通点や相違点が見えてきます。その理由を考えると，よい教材研究になります。

教材研究をする際，指導書を読んで，問題提示の仕方を検討したり，教材を準備したりすることが多いと思います。それはとても有意義な教材研究の仕方です。その教材研究の仕方に慣れてきたら，少し教材研究のレベルを上げてみませんか。

やり方は簡単です。6社の算数の教科書を用意して，同じ学習内容の紙面を見比べるのです。見比べてみると，共通点と相違点が見えてくるはずです。

代表的な見比べる視点としては，以下のような視点があります。

・数値
・問題場面
・活動内容

５年「四角形と三角形の面積」の授業準備の場面です。

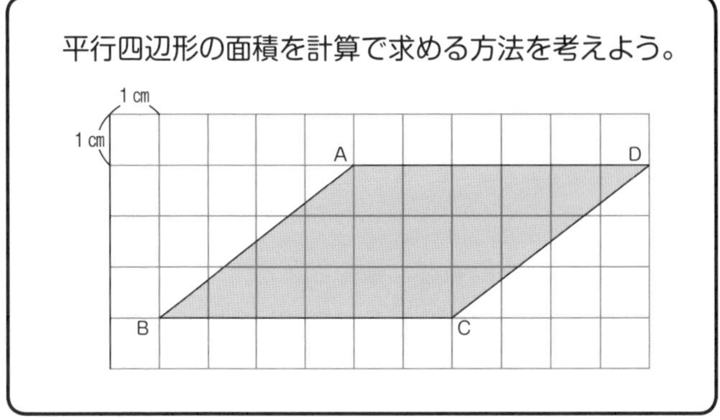

T１　いつも使っている教科書を見てみると，導入では平行四辺形の面積の求め方を考えているよ。

T２　他の教科書でも，平行四辺形が多いけれど，三角形を扱っている教科書もあるよ。

T１　平行四辺形の方が，既習の長方形の面積の求め方を使って，面積の求め方を考えやすいと思うなぁ。

T２　でも，三角形の面積の求め方が理解できれば，平行四辺形や台形，ひし形の面積の求め方も考えやすくなると思うよ。

教科書を見比べ，共通点と相違点の理由を考えることは，明日の授業では役立たないかもしれませんし，結論が出ないことも多いです。しかし「教材の系統性」や「子どもの思考過程」を考えるきっかけになり，授業を流すための教材研究ではなく，深い教材研究の第一歩になるはずです。

091

授業準備

最初に問題を解いてみる

1年「たしざん」

問題を解いてみると，様々な解き方があることに気づきます。ただ解き方がわかるだけでなく，どういった思考でその解き方が生み出されたかもわかります。教材研究の第一歩は，まずは授業者が問題を解いてみることなのです。

教材研究をするとき，問題提示の仕方や発問を考えると思います。それらを考えることは不可欠ですが，まず問題を解いてみることから始めることをおすすめします。

算数の教科書には様々な解き方が掲載されていますが，それを見て「こういう解き方があるのか」と知る前に，まず自分で解いてみるのです。そのうえで教科書を見ると，「この解き方は自分と同じ考え方だな」「こんな解き方を考えるのはなぜだろうか？」と子どもの視点で問題と向き合うことができます。また，自分で解いてみると「こういうところにつまずきそうだな」ということも見えてきます。

授業を考えるうえで最も大切であり，最も難しいことは，子どもがどんなことを考えるのかを予想することです。そのためには，まず自分で問題を解いてみることです。

1年「たしざん」の授業準備の場面です。

7＋9の計算の仕方を考えよう。

T1　前の時間で9＋3をやったときに，3を1と2に分解して，10をつくったから，今回もたす数の9を3と6に分解して10をつくるんじゃないかな？

T2　でも，9の方が10をつくりやすいから，7を6と1に分解する子どももいそうですよね。

T3　それぞれ5より大きいから，7を5と2，9を5と4に分けて，5と5を合わせて10をつくる子どももいるかもしれないね。

T1　でも，7から1，2，3…と9つ数えて16と答えを出す子どももいるかもしれないよ。

T2　そうですね。だから，いろいろな工夫の共通点を見つけて「10といくつ」にするとわかりやすいということをみんなで発見できれば，数えるよりも簡単に計算できることに気づけますね。

問題を解いてみると，様々な解き方が見つかりますが，大切なのは「共通する大切なアイデア」（数学的な見方）を言葉でまとめておくことです。繰り上がりのあるたし算であれば「10といくつ」にすることです。共通する大切なアイデアを言葉でまとめられると「次も同じようにできるかな？」と学習のつながりを意識させやすくなります。

092

授業準備

既習の内容や方法を整理する

6年「分数のわり算」

子どもたちが新たな問題に取り組む際，既習の内容や方法を基に考えることで，解決したり，新たな知識や方法を獲得したりできます。その既習の内容や方法を事前に整理することで，子どもと新たな知識や方法をつくる学習過程を仕組むことができます。

教科書には，問題とその解き方（考え方）が載っています。これらの解き方（考え方）を読むと，既習の内容や方法を活用していることがわかります。そこで，以下の観点から既習の内容や方法について整理します。

①何年生（または幼児期）に
②どのような学習（または経験）の中で
③どのような知識や方法を獲得しているのか

そうすることで，授業で扱う知識や方法が明確になり，それを基に子ども自ら新たな知識や方法を獲得していく創造的な学習過程を仕組むことができます。また，子どもの実態に応じて既習の内容や方法を補うことも可能です。既習の内容や方法を基に問題に取り組むことが習慣化されると，新たな問題にも自らの力で取り組むようになります。

6年「分数のわり算」の授業で説明します。

$\frac{3}{5}\div\frac{2}{3}$の計算の仕方を考えましょう。

分数÷分数の計算の仕方を考える場面です。教科書のまとめには，「分数のわり算では，わる数の逆数をかけます」とあります。さらに，この方法にたどり着くまでの過程として，その考え方も載っています。そこでまずは，以下のように既習の内容や方法を分析します（左ページの観点に対応して示します）。

①4，5，6年生
②わり算(4)，小数のわり算(5)，分数のかけ算(6)
③わり算の性質，小数のわり算の計算の仕方，逆数

これを意識するだけで，当然のように，わり算の性質や小数のわり算の計算の仕方，逆数を基に，分数÷分数の計算の仕方を扱うようになります。そのため，「逆数をかける」という形式的な指導から脱却し，下のノートのように，これまで学習したことを基に計算方法を考えていく創造的な学習過程へと必然的に変わります。

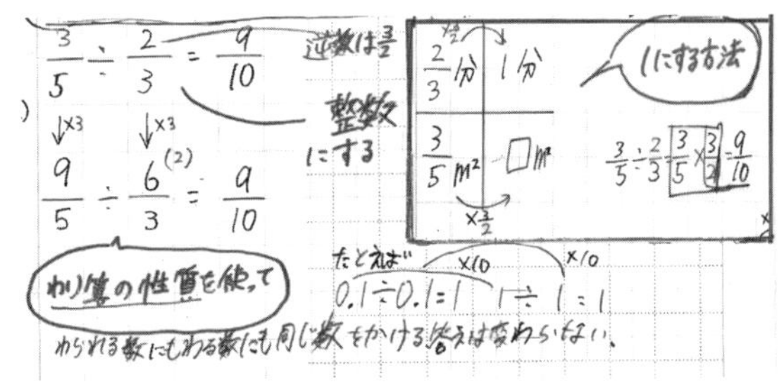

093

授業準備

先行研究や授業記録をデジタルでストックする

3年「わり算」

すべての授業をオリジナルで考えるのは至難の業です。そこで，公開研究会や研究会で拝見した授業や教材をタブレットや PC にデータとしてストックしておくと，参考にしたいときすぐに探し出すことができます。

教材研究において，先行研究や参観した授業を参考にしたいとき，その資料をすぐに探し出したいものです。ノートやファイルにストックしていると，冊数が増えたり，すぐに見つけられなかったりする一方，タブレットや PC であれば1か所に大量の情報をストックできます。

ここでは，Microsoft の OneNote の活用例として紹介します。

学年のシート，単元のページをつくってストックします。ページのタイトルにキーワードを入れておくと，その内容に関する情報がほしいとき，すぐに検索できます。また，授業記録と連携させておくこともできます。

ページ内には，教材や参観した授業の板書写真を入れながら，協議会で出た意見や自分の考え・アイデア，子どもの姿などを残します（教材や参観授業の板書写真は，著作権やプライバシーに十分注意し，慎重に行う必要があります）。また，関連するリンクにつけておくと，追実践や研究課題を見いだすのに役立ちます。

以下は，３年「わり算」の例です。

先行研究や先行実践を基に，問題意識や研究課題を見いだすことも教材研究のねらいです。

094

授業準備

単元の関連図を自分でつくる

3年「かけ算の筆算(1)」

教科書の教師用指導書を見る前に，単元の関連図を自分でつくることが，教材研究の第一歩になります。子どもの既習事項は何か，単元で身につけた考え方は何につながるのかを意識できるでしょう。

学習指導案に単元の関連図が載っていることがよくありますが，つくることに手間がかかるためか，教師用指導書の関連図そのままということがあります。しかし，指導案をつくらない場合でも，単元の学習に入る前に関連図を自分でつくることが，中長期的な視点での教材研究，授業準備になります。

まずは，本単元につながる既習の単元を書きます。このとき，概要だけでなく，簡単な問題をイメージしながら，どんな数学的な見方・考え方を働かせて解決するのかを書き加えましょう。既習の内容とともに見方・考え方を整理することで，どのような知識・技能を基に本単元で新たな知識・技能をつくり出すことができるのか，さらにそれがどの単元につながるのか，教師が焦点を当てたいのはどこなのか，などを明らかにすることができるでしょう。

以下は，３年「かけ算の筆算⑴」の単元の関連図と授業の例です。

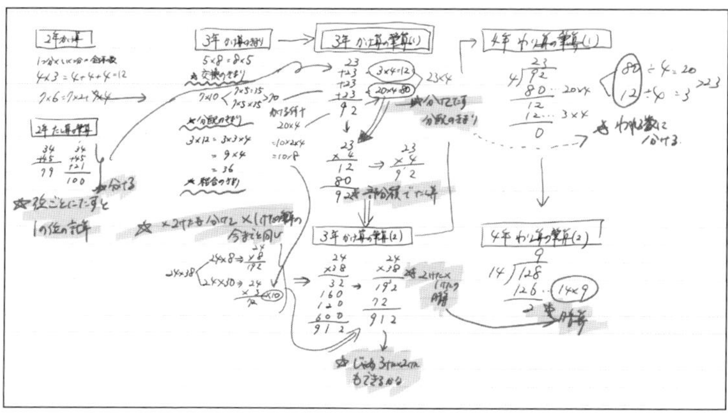

> 23＋23＋23＋23はいくつかな？

C　たし算の筆算を書くと…。

T　たくさんたすのは大変だね。

C　位ごとに計算すればかけ算でできるよ！

C　１の位は３×４＝12，
　　10の位は２×４＝８だ。

```
   2 3
   2 3
   2 3
 + 2 3
 -----
   1 2
   8 0
 -----
   9 2
```

同数累加の筆算を位ごとに計算すると，かけ算の筆算の部分積と同じ表現が出てきます。この後に，かけ算の筆算の表現を教えて，位ごとに計算していることを意識させます。

095

習熟

子どもに習熟の目的を問う

3年「かけ算」

授業の終末に，教科書の練習問題に取り組ませることがあります。その際，単に計算練習をさせるという意識ではなく，本時のねらいに応じた取り組ませ方，発問の仕方を意識できると効果的です。

「数と計算」領域では，練習問題に取り組ませることが多いでしょう。その際，「○ページの□番の問題をやりましょう」と，問題番号を指示して計算させるだけではもったいないです。「筆算を速くできるように練習しましょう」と計算技能を高めることを目的にする場合もありますが，一般化を目指したり，数学的な見方・考え方を意識させたりする言葉かけができるとよいでしょう。

3年「かけ算（かけ算のきまりを見直そう）」の1時間の授業の終末の習熟問題を基に説明します。

次の□にあてはまる数を書きましょう。

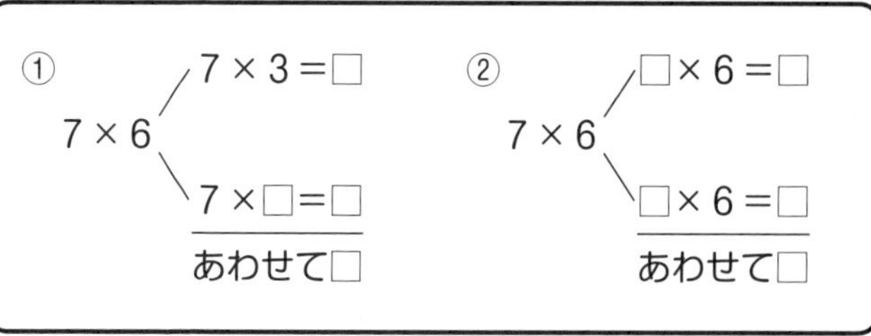

T　この問題を通して，何を確かめるのかな？

C　数をあてはめて，あわせていくつになるか。

C　今日は「かけ算は分けて他のかけ算にしても計算できるのかな？」を考えたから，それを確認する。

T　そうですね。数をあてはめるのではなく，他のかけ算に分けても答えは同じになるか，計算や図でも確かめられるといいですね。また，自分で問題をつくって他のかけ算でも言えるか考えるのもすてきです。

C 3　7 × 6で，他の分け方もあるよ！

C 4　図を使って説明もしたから，かいておこうかな。

この時間は，分配法則という計算のきまりを使って，答えが同じになるかを確認する場面でした。習熟の場面においても，本時のねらいや問いを振り返らせることが大切です。計算のきまりに限らず，手続き的な方法を見いだしたときなども「本当にそう言えるのか」「数字を変えても成り立つのか」という姿勢をもたせていきます。また，「図でも確かめること」など，数学的な見方・考え方を意識した言葉かけも大切です。

096

習熟

虫食い算で，楽しく計算技能を高める

2年「たし算のひっ算」

計算技能を高めるための習熟の時間を，ただ計算問題を解くだけの時間から，少しのアレンジで楽しく計算する時間に変えることができます。演算の仕方の理解を進め，難易度も容易に変えられる虫食い算で，習熟の時間を楽しくしましょう。

ただ計算練習を行うだけでは飽きてしまう子どももいます。しかし，ゲームの要素を少し加えるだけで，子どもたちは必死に計算問題を解こうとします。

計算練習では，あらかじめ数値が与えられていて，演算をした結果，つまり答えを求める学習が一般的です。また，計算練習の目的は，演算の仕方を正しく理解し，計算技能を高めることです。この目的は数値の一部を隠し，隠れている数を考える，次ページのような「虫食い算」でも達成できます。また，虫食い算にすることで，様々な演算を行うことになります。

2年「たし算のひっ算」の例で説明します。

①	②
□5	□4
+ 46	+ 7△
71	☆0☆

①の問題の□を求めようとすると，まず一の位の5+6をして，繰り上がりに1があることを考える必要があります。その後，□+4+1＝7となる□を考えるため，7−5を行います。繰り上がりの仕組み，そして□を求めるために逆算も必要になります。

②の問題は発展問題です。同じ記号には同じ数字が入ることを子どもたちに伝えます。「☆0☆」の答えになる☆は，2位数+2位数の場面では1しかありません。そして，☆に1が入ることがわかれば，△，□を順に求めることができます。

このように，虫食いの場所や数を変えることで，問題の難易度を容易に変えることができます。

虫食い算は，加減乗除のどの計算でも行うことができます。また，整数だけに限らず，小数や分数の場面でも行うことができ，小学校のどの学年でも活用することができます。さらには，子どもたちが虫食い算の問題をつくり，友だちと解き合う活動を行うことも容易です。問題を出し合う中で，記号に入る数が1つに決まらない問題をつくる子もいるでしょう。

097

習熟

筆算リレーで，みんなで習熟を図る

4年「わり算の筆算(2)」

筆算のアルゴリズムを分割して，グループで対抗方式にします。教師は習熟の甘い部分を見取ることができ，子どもは友だちの手順を見ながら習熟を図ることができます。

わり算の筆算のアルゴリズムを確認します。「たてる」⇒「かける」⇒「ひく」⇒「おろす」という手順をカードにして示し，1手順ずつリレー形式で書いていくことを確認します。

①たてる
②かける
③ひく
④おろす

```
      25
18)457
    36
     97
     90
      7
```

列ごとのグループ対抗戦にすることで盛り上がります。友だちの計算を見ながら手順を覚えていくだけでなく，うまくできないときに，同じチームの中で自然と教え合いが生まれます。教師は苦手な子を見取り，次の手立てを立てるとよいでしょう。

次ページは，4年「わり算の筆算(2)」の事例ですが，加減乗除のどの筆算でも同様の流れでできます。

T　これから，筆算リレーをします。
たてる⇒かける⇒ひく⇒おろす⇒たてる…で交代しながら，筆算を完成させましょう。

T　では，１回戦は457÷18です。よーい，スタート！

C１　457÷18だから，十の位には２が立つ！

C２　「かける」は，18×２だから…，えっと…36かな。

C３　次は「ひく」だから，45－36＝９！

C４　７を「おろす」と97！

C５　97÷18…，９÷２で４？

T　（C２さんとC５さんはかけ算，あと少しかな…）

わり算の筆算は，２桁×１桁のかけ算を暗算できるかが重要です。楽しく習熟する中で課題を明らかにします。

098

習熟

コンパスアートづくりで，楽しく技能を高める

3年「円と球」

高学年になってもコンパスをうまく使えない子どもがいますが，コンパスは中学校でも使用する教具です。そんなコンパスの技能を，作品づくりを通して高めていきます。

コンパスや分度器など算数の教具を上手に使いこなすにはたくさんの練習が大切です。しかし，ただ練習していても子どもたちは楽しくありません。飽きてしまい，練習を嫌がる子も出てくるでしょう。そこで，子どもたちにコンパスを使うことの目的意識をもたせてみましょう。その目的意識こそが作品（コンパスアート）づくりです。文化的行事の一環として出品してもよいですし，教室に掲示してもよいでしょう。子どもたちが「もっとコンパスを使いたい」「円をたくさんかきたい」と思えるような場を設定して，楽しみながら進んで習熟に励めるようにしましょう。

3年「円と球」の授業で説明します。

円を使った作品を展覧会に出そう。

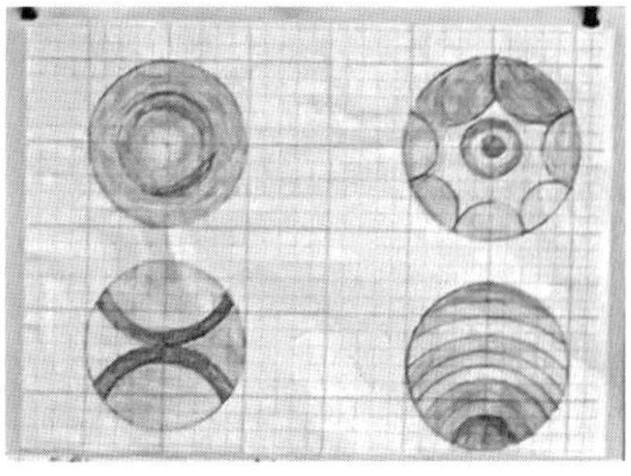

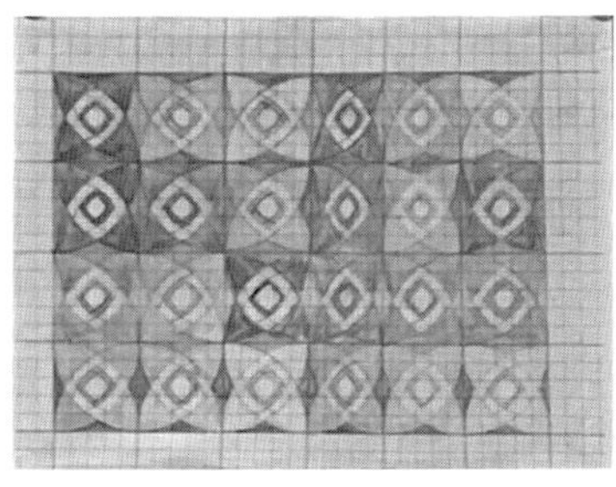

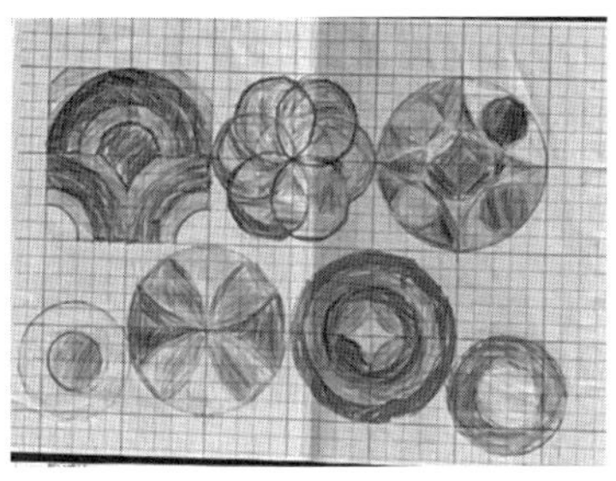

上に紹介した３つは，いずれも３年生の子どもがかいた作品です。様々な直径の円を何度もかいています。円と円を重ねてきれいな幾何学模様を作成している子どももいました。色塗りを合わせて２単位時間（45分×２回）の授業でコンパスの技能の習熟を図りながら，円のもつ美しさを感得させることができました。

099

どの問題と「同じ」なのか考える

6年「並べ方と組み合わせ方」

今向き合っている問題と過去に解決した問題。数値や場面が違っても，それらを「同じ」と捉えることは，その問題の構造が見えているということです。同じ構造さえ見つけてしまえば，子どもたちは過去の知識や考え方を想起しながら，自力で問題解決に取り組み始めることができます。

単元末や単元中盤での習熟の時間には，ドリルやプリントに取り組むことがあります。わからない問題があったときには，子どもが教師に質問しに来ることもあるでしょう。その子どもに，どんな声をかけるでしょうか。選択肢の1つが，「これまで解いた問題の中から，『同じ』問題を見つけてごらん」です。

子どもは，一度解けた問題でも，少し数値が変わったり，場面が変わったりしてしまうと，同じ問題だと捉えられないことがあります。そんなとき，以前の問題の中から同じ種類の問題だと思うものを見つけることで，子どもはその問題を解いたときの文脈や考え方を振り返ることができます。問題に対する着眼点や考え方を手に入れた子どもは，

「自力で解けそうだ」という見通しとやる気を得ることができます。

6年「並べ方と組み合わせ方」の授業で説明します。

> サイコロを3回振ります。このときのサイコロの目の出方は，全部で何通りありますか。

C　先生，ここの問題どう考えたらいいか困ってて…

T　なるほどね。これって，教科書でいうと，どの問題と同じ種類だと思う？

C　（教科書をめくりながらしばらく考える）
あっ，これかな。このページのこの問題（「コインを続けて4回投げます。このときの表と裏の出方にはどんな場合がありますか」）が一緒かも。
…あっ，これだったらできそう！
ありがとうございました！

この子は急いで自分の席に戻り，問題を解き始めました。もしも教師が解き方だけを教えていたら，その子は次に同じ種類の問題が出たときも，同じように判断に困り，質問に来ていたかもしれません。別の問題だと思っていたものが同じに見えることで，その問題が求めていることや，考えるための着眼点について，子ども自身がより深く理解できるようになります。

100

習熟

活用可能な知識を補い，高める

6年「分数のかけ算」

授業で子どもが活用する知識をプリント学習などの習熟の時間に補います。そうすることで，子どもは既習の知識を活用しやすくなり，新たな知識を生み出すことにつなげることができます。

習熟と言えば，ドリルやプリントの反復によって，計算技能を鍛えるイメージがあります。しかし，鍛えるのは計算技能だけでしょうか。教材研究段階で，活用するべき知識を把握し，高めることも大切です。子どもから引き出したい内容や方法を，意図的に扱うということです。

授業の中で，教師が子どもから引き出したい既習の知識があったとしても，子どもが忘れていたり，形式だけを知っていたりして，引き出せないままで終わってしまうこともあります。そういった場合，習熟の場面でその知識を扱えるようにします。さらには，その知識を次の授業で活用させ，子どもにそのよさまで感じさせることで，活用の効く知識となって身につくのです。

6年「分数のかけ算」の授業で説明します。

$$\frac{4}{5}\times\frac{1}{3}$$

ここで，子どもから引き出したい考え方は，かける数を３倍して整数にすることで，既習の計算方法に帰着させることでした。しかし，授業では，かける数を整数にしたいという思いは表出されましたが，３倍にして答えを３でわるという考え方（かけ算の性質）を活用しようとする姿は見られませんでした。そこで，下のようなプリントを作成し，家庭学習で取り組ませました。

例）
① 5 × 0.6 = 0.3　↓×10　↑÷10　5 × 6 = 30
⑤ 0.8 × 9 = 7.2　↓×10　↑÷10　8 × 9 = 72
② 8 × 0.4 = 3.2　↓×10　↑÷10　8 × 4 = 32
⑥ 0.2 × 8 = 1.6　↓×10　↑÷10　2 × 8 = 16

次の日の授業では，板書のように多くの子どもがかけ算の性質を活用しながら分数のかけ算の計算方法について考えることができました。

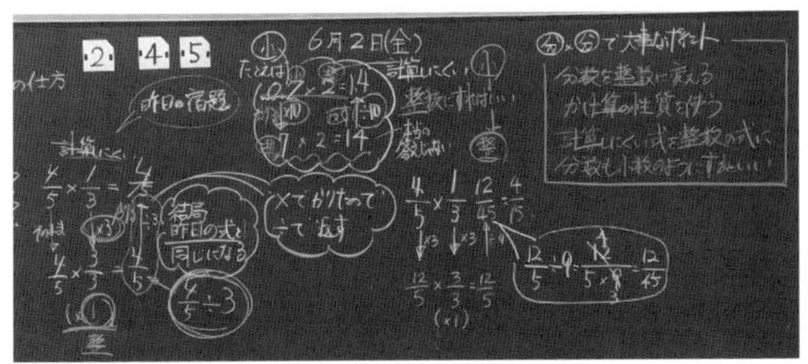

おわりに

本書は，『算数授業 発問・言葉かけ大全 子どもが考えたくなるキーフレーズ100』に続く第二弾です。

今回は６人の教員各々が普段取り組んでいる〝子どもが考えたくなる指導の技術〟を出し合うことから始めました。その過程では，自分も同じように意識している指導技術もあれば，新たな視点を得られる技術もありました。また，それらの視点を基に授業を行っていくと，普段無意識に行っている指導の中にも，子どもがいきいきと学ぶ工夫があったことに気づくことができました。

読者のみなさんにとっても「これは私もやっている」「こんな技術があるんだ」と指導技術について知るだけでなく，「このやり方って実は…」とご自身の指導について振り返るきっかけにもなったかと思います。

一方で，指導技術の背景にある教師の指導観，子ども観についても読み深められる一冊になったと感じています。

- 一人ひとりの子どもを大切にしたい。
- 既習事項や生活とのつながりから問題を見つけられるようになってほしい。
- 困ったとき，友だちに関われるようになるには，教師に何ができるのだろうか。
- 数学的な見方・考え方の価値に子どもが気づき，全員が働かせられるようにしたい。

・自ら学び続けられる人になってほしい。

など，１時間の授業の姿だけでなく，算数授業を通して育てたい学び方，人間像，そこに関わる教師の願いが見えたのではないでしょうか。

すぐに使える指導技術も「子どもに…なってほしい」「…する姿を目指したい」という教師の願いがないと，うまく機能しません。また，目の前にいる子どもにそのまま使える技術もあれば，必要に応じてアレンジすることが必要な技術もあります。つまり，教師のあり方とやり方，指導観と指導技術の両輪を意識し，アップデートしていって，はじめて〝子どもが考えたくなる指導技術〟へと変わっていくことでしょう。

今「個別最適な学びと協働的な学びの一体的な充実」とともに，教科教育のあり方を探っていくことが求められています。子どもと同じように，教師個人の最適な学びには，学び合う同僚や仲間の存在が欠かせません。ぜひ本書を基に，日々の指導技術や育てたい子どもの姿を語り合い，算数授業を通して自ら考えたくなる子ども，学び続ける子どもを増やしていっていただければ幸いです。

末筆ではありますが，本書の企画・執筆・編集にあたりましては，明治図書出版の矢口郁雄氏に多大なるご尽力をいただきました。心より御礼申し上げます。

2024年１月

田中英海

【編著者紹介】
加固　希支男（かこ　きしお）
東京学芸大学附属小金井小学校教諭

田中　英海（たなか　ひでみ）
筑波大学附属小学校教諭

【執筆者一覧】
岡本　貴裕（山口県山口市立大内南小学校）
加固希支男（東京学芸大学附属小金井小学校）
瀬尾　駿介（広島県三次市立十日市小学校）
田中　英海（筑波大学附属小学校）
二瓶　　亮（新潟大学附属新潟小学校）
萩原　直樹（東京都狛江市立狛江第三小学校）

算数授業　指導技術大全
すぐに使えるアイデア100

2024年2月初版第1刷刊
©編著者　加固　希支男
　　　　田中　英海
発行者　藤原　光政
発行所　明治図書出版株式会社
http://www.meijitosho.co.jp
（企画）矢口郁雄（校正）大内奈々子
〒114-0023　東京都北区滝野川7-46-1
振替00160-5-151318　電話03(5907)6701
ご注文窓口　電話03(5907)6668

＊検印省略
組版所　長野印刷商工株式会社

Printed in Japan　ISBN978-4-18-377924-3